ちくま新書

分析哲学講義

青山拓央
Aoyama Takuo

944

分析哲学講義【目次】

はじめに　007

講義1　分析哲学とは何か　011
その対象／その手法／言語から世界へ／自由と「自由」／論理と文法／その歴史／人工言語か日常言語か／概念分析としての哲学／クワインとウィトゲンシュタイン／講義の狙い／哲学は役に立たないか

講義2　意味はどこにあるのか　038
意味の客観性／心理主義批判／意味のイメージ説／イメージと概念／規則を読み取る／意味の指示対象説／文の指示対象／名前の意味

講義3　名前と述語　061
確定記述／指示対象の不在／記述理論／述語と量化／一般名の消去／確定記述と固有名／変項

と存在／宇宙の検索

講義4 **文脈原理と全体論** 084
語から文へ／命題と写像／命題と検証／科学と非科学の境界／文から理論へ／全体論／全体論の全面化

講義5 **意味はどこに行ったか** 112
意味の使用説／規則と解釈／実践の一致／像と、像の像／像の公共化／像を超えて／ルイス・キャロルのパラドックス／自然と自然科学

講義6 **二つの自然と、意味の貨幣** 136
言語流通の場／私秘的言語観／意味の両替場／行動の解釈／物理的同一性／原初的一致／ヒュームの自然主義／自然の自然誌／科学の哲学化

講義7　可能世界と形而上学　160
『名指しと必然性』／形而上学の実際／可能世界意味論／可能性と必然性／固定指示子／同一性の必然性／指示の因果説／本質主義／顕微鏡の科学／様相的原点／私世界言語

講義8　心の哲学の眺望　193
心身問題／心は物を動かすか／脳は心を生み出すか／心脳同一性／心の場所／行動主義と機能主義／クオリアの問題／いくつかの道／随伴現象説／もう一つの仕事／他我問題と人称二元論

講義9　時間と自由　222
意味と同一性／時間の形而上学／マクタガートとダメット／実在の完全な描写／対立のなかへ／内部での対立／時間の矢／エントロピーと時制／分岐問題／言語の海

文献紹介　255

おわりに　269

はじめに

本書は分析哲学の入門書ですが、分析哲学という何か閉ざされた哲学の分野があるわけではありません。分析哲学をすることは、たんに哲学をすることや、たんに正確に考えることと同じ営みの一部です。

そのうえ、分析哲学にはテーマの制限もありません。数とは何か、科学とは何か、言葉の意味とは何か、といったテーマから、自由や幸福や死、あるいは映画や聖書や核兵器についても、そこでは論じることができます。

では、なぜ分析哲学という名称が個別に使われているのでしょうか。この疑問への回答は講義1でくわしく述べられていますが、ここでは少し違った表現で、その答えを簡単に述べておきます。

私たちは、何を論じる際にも言語に依存しています。何を観察する際にも、言語を通して世界を見ます。分析哲学の独自性は、この当たり前の事実を徹底的に掘り下げる点にあるでしょう。すなわち分析哲学とは、言語の働きの解明を通じてさまざまな問題に答えるものであり、その意味で、あらゆる哲学やあらゆる思考と——科学や倫理や芸術とも——連続的なものなのです。

重要なのは、ここで言う「言語」に、人間が思考するための論理もまた含まれている点です。分析哲学の歴史的な起源は、フレーゲやラッセルの論理学研究にあります。言語の働きの解明とは、たとえば英語のような特定の言語の文法的解明のみを意味するのではなく、諸言語の垣根を越えた共通の論理の解明を含むのです。

そんな分析哲学ですが、日本語で読めるコンパクトな入門書は意外なほど刊行されていません。これは無理のないことで、分析哲学の領域は今日、驚くほど広大になっており、その全体像を薄い一冊にまとめるのはとても不可能です。とくに英語圏の哲学については、分析哲学が哲学の全体を覆ってしまったと言えるほどです。

それでも、分析哲学のまさに分析哲学らしい手法——少なくとも著者がそう考えたもの——に的を絞って小さな本を書いてみることは、読者にとっても著者にとっても、きっと価値があるでしょう。本書はそうした狙いのもとで書かれた、講義形式の入門書です。もし気に入った講義があれば、巻末で紹介されている他の文献もぜひ読んでみてください。そうすることで、手法以外の側面からも分析哲学を知ることができますし、そこで得た知識は、手法への理解も深めてくれます。

そして可能なら、他の文献を読むだけでなく、自分でも何かを考え、それを書いてみてください。手法としての哲学は、結局そうすることによってしか、本当に学ぶことはできません。またそうすることによって初めて、その手法の限界も見えてきます。

きっかけとして、講義内では答えの示されていない問いに自分で答えてみるのもよいでしょう。それらの問いへの私の答えは別の機会に述べるつもりですが、この本は、皆さんが私とは違う答えにたどり着く可能性を開くものとして書かれています。

初学者の方が本書を読むにあたって、予備知識はとくに必要ありません。むしろ特定の学問分野の知識に縛られないほうが、議論の核心が見える場合もあります。なぜなら哲学的議論ではしばしば、それぞれの学問分野における意識されていない前提についても、その根拠を探っていくからです。

他方、分析哲学についてすでにくわしい方は、本書で何が述べられているかだけでなく、何が述べられていないかをぜひ読み取ってください。プロ棋士の対局がそうであるように、候補手から手を捨てていく過程に個性というものは現れます。そしてそれを読み取れるのは、普通ならどんな手があるのかを知っている人々だけです。

講義1
分析哲学とは何か

†その対象

学術研究の分類には、何を対象にするかによる分類、どんな手法をとるかによる分類、そして、歴史的な影響関係による分類があります。ところが分析哲学という分類は、この三つの分類法のすべてにまたがっており、そのどれもが決定的なものではありません。

それでも、分析哲学に関してこれらの分類法を順に見ていくことは、この学問の大まかな全体像を知るうえで有効でしょう。哲学という、より巨大で曖昧《あいまい》な領域のなかで分析哲学が占めている位置を、ある程度つかむことができるでしょう。

まずは対象による分類のもとで、分析哲学とは何かを考えてみます。分析哲学は英語ではanalytic philosophyですが、いったい何を「分析する」のか？　その分析の対象は何なのか。それはもっぱら言語だというのが――後でお話しするようにこれには異論がありますが――、考慮すべき一つの答えです。

書店に行くと分かりますが、書名に分析哲学と銘打った非専門家向けの入門書は意外なほどに少なく、代わりに、言語哲学の入門書が目につきます。そして、そうした言語哲学の入門書のほとんどでは、一般に分析哲学と見なされている研究のうち、とくに言語に関するものが解説されています。それらは事実上、『分析哲学入門　言語篇』と題されていてもおかしくないものです。

言語哲学という名称を、対象による分類のもとで文字どおりに解するなら、これは少し奇妙だと言えます。というのも、言語哲学が言語を対象とした哲学であるなら、通常は分析哲学に含まれない分野にも、そうした哲学はいろいろあるからです。

ここには次の事情があります。分析哲学と呼ばれるもののうち、質的にも量的にもとりわけ重要な部分を占めてきたのが、言語についての哲学であったこと。そして前世紀、そうした哲学が言語についての理解を著しく深めたために、今日、言語についての哲学入門書を書くなら、分析哲学に強く依存せざるをえないこと。

しかしさらに大きいのは、分析哲学における独特な言語の扱い方でしょう。対象による分類の話は、ここで、手法による分類の話に繫《つな》がっていきます。分析哲学がもっぱら言語を対象にしてきたことは、分析哲学の研究手法と密接に関係しています。その手法の浸透は、言語哲学のあり方を変えてしまったと言ってもよいかもしれません。

†その手法

分析哲学の特徴としてよく挙げられるのは、文章と論証の明晰《めいせき》さです。哲学書のなかにはきわめて重厚な文体のものも詩のような文体のものもありますが、それらに比べると分析哲学の著作の多くは簡潔で明快な文章で書かれており、前提から結論を論理的に導く過程――これが論証です――の正確さをとても重視します。

論証をより正確なものにするために、日常言語だけでなく論理式と呼ばれるものを使用することもよくあります。雰囲気をつかむために書いておくと、論理式とはたとえば次のようなものです（今後の講義では、論理式はほとんど使いません）。

$$\exists x(Px \land \forall y(Py \rightarrow y = x))$$

しかし、文章や論証の明晰さをもって分析哲学の手法とするのでは不十分でしょう。分析哲学の登場以前にも明晰に書かれた哲学書はありますし、論証過程を重視するのは、古今東西の多くの哲学者、たとえばアリストテレスのような紀元前の哲学者にとっても同じことです（アリストテレスは、いまから見ればシンプルなものとはいえ、論証の記号的な体系化まで手掛けています）。

では、分析哲学の手法――今後は「分析的手法」と略します――の独自性はどこにあるのでしょうか。それは、言語を基礎的で自律的なものと見なし、言語の機構（メカニズム）を何か別の機構のもとで説明するよりも、逆に、言語の機構の解明によって他の機構を説明していくところにあります。分析哲学史における「言語論的転回」(linguistic turn) と呼ばれるのは、この逆転的な発想です。

誤解を恐れずに言えば、まず世界があってそれを言語が写し取るという直観ではなく、まず言語があってそこから世界が開かれるという直観が、分析的手法を支えています。言語によって世界が開かれるからこそ、言語の仕組みを見ることで世界の仕組みが分かる、と言ってもよいでしょう。今後の講義でも見るように、この直観をどのくらい強くとるかによって言語論的転回のニュアンスが変わってきます（控えめにとる論者なら、言語が世界を開くとまでは言わず、言語の仕組みを見ることで哲学的混乱が解消される、と言うに留めるでしょう。しかしその場合でも、彼らはただ言語についてだけ話をしているのではありません）。

　言語論的転回が「転回」と呼ばれることには、もう一つの側面があります。つまり、言語が主役に躍り出ることで、何が追い出されたかに関する側面です。ひとことで言えば、それは一人称的で構成主義的な観念論の考えです。

　バークリー、カント、ヘーゲルといった哲学者に見られる観念論の手法においては――各人の違いを無視するなら――、「私」の私秘《しひ》的な（私だけが捉えるプライベートな）経験こそが世界認識の基礎となります。私はいま時計を見ていますが、観念論風に強調して言うなら、「時計がまず存在し、私がそれを見ている」のではなく、「私が時計を見ているからこそ、その時計は存在する」のです。時計を見ているという経験とともに、時計という存在が「構成される」と言ってもよいでしょう。

　観念論的な考えのもとでは、言語もまた、それ自体で働くものというより、「私」によって意味を与えられたものとなります。あくまでも世界を開くのは「私」であり、言語はその「私」の道具として使用されるにすぎません。それゆえ、脱観念論としての言語論的転回は、「私が世界を開く」という見方から「言語が世界を開く」という見方への転回として理解することもできます。

この転回を具体的につかむには、カントなどの議論を実際に読み、次回からの講義内容と比較してみるのが一番です。また、いわゆる観念論の枠には収まらない、フッサールやベルクソンなどの議論を見ることでも、「私」から「言語」への転回を実感できます。たとえば、この講義の最終回では「時間」について論じますが、その内容と彼らの時間論を比べてみるのも面白いでしょう。

分析的手法の規定については、このくらいにしておきます。以上の規定は、分析哲学史に欠かすことのできない何人かの重要な哲学者――たとえばラッセル――を排除しかねませんが、最初に話したことを思い出してください。対象・手法・歴史による学問分類のいずれも、それ単独ではうまく分析哲学の範囲を定められません。いや、むしろ分析哲学には定めるべき正確な範囲はなく、この三つの分類が緩やかに連携することで、その姿が初めて浮かび上がってくると言えます。

†言語から世界へ

ところで、言語の機構を解明するだけなら、それは言語学とどう違うのでしょうか。たとえばドイツ語文法の研究から、分析哲学はどうやって区別されるのでしょうか。さきほど私は、こう言いました。「言語によって世界が開かれるからこそ、言語の仕組みを見ることで世界の仕組みが分かる」。分析哲学的な言語への問いは、すべてではないにせよ、そのかなりの部分がこの信念と結び付いています。そしてそうした問いは、言語だけでなく言語と世界との関わりについても、応答を迫ってきます。

具体的な問いをいくつか挙げて、そのことを確認してみましょう。次に挙げるのはどれも分析哲学史上の重要な問いで、いずれ一つひとつについて、改めて考えていくことにします（初めはこれらの問いのどれもがさほど重要には見えないでしょう。その重要さは、問いの細部を知ったときに分かってきます）。

・「アリストテレス」という語が、現実のアリストテレスその人を指せるのはなぜか。
・「現在の日本の大統領」という表現は、そんな人はいないのになぜ意味をもつのか。
・「痛み」という同じ語で、自分の痛みと他人の痛みの両方を表現できるのはなぜか。

これらは一見、言語の機構のみについての問いに見えるかもしれません。しかし実際には、言語がこの世界においてうまく機能することへの問いが含まれており、それは、世界の成り立ちについての問いでもあります。というのも、言語を使用する人間も、言語を使用するという行為も、そして言語によって伝えられる事柄も、言語それ自体の機構というより、言語の機構を取り巻く世界の一部だからです（あるいは、言語の機構は通常考えられているよりもはるかに大きく、世界の側へはみ出ている、と言ってもかまいません）。

たとえば一つ目の問いを見ましょう。この問いは、名前「アリストテレス」が文の中で果たす役割に関わっていますが、それだけでなく、われわれ人間がどのようにして名前「アリストテレス」を用いているか、それはアリストテレスその人とどんなふうに結び付けられているか、といった問題に関わっています（↓講義7：指示の因果説）。ここからさらに、そもそもアリストテレスとはだれなのか（その同一性の基準）、だれかが存在するとはどういうことか（存在／非存在の基準）といった問題を考えていくことが、分析哲学では可能です。

二つ目の問いと三つ目の問いも、せっかくなので簡単に見ておきます。「現在の日本の大統領は女性である」という文を考えてみましょう。この文は一見、ある特定の人物について語っているように見えます。しかし、「アーシュラ・K・ル＝グウィンは女性である」という文が、アーシュラ・K・ル＝グウィンという対象（人物）が存在し、それは「女性である」という性質をもつ、というかたちで論理的に分解できるのに対し、「現在の日本の大統領は女性である」は同様の分解を許しません。現在の日本の大統領などいないからです。では、いったいこの文は、どのような構造をもっているのでしょうか。「現在の日本の大統領」という表現はそこで、何を意味しているのでしょうか（↓講義3：記述理論）。

最後の問いに移りましょう。私の痛みと他人の痛みは、そのあり方がまるで違っています。そもそも私は他人の痛みを、自分の痛みと同様のものとしては認識しません。「痛み」という語がもし、私の知っているあの感覚のことを指すのだとすれば、経験上のありのままの事実として、他人の痛みというものは存在しないのです。にもかかわらず私たちは「痛み」という同じ一つの語を、自分にも他人にも適用されるものとして理解しています。どうしてそんなことが可能なのか——、これが三つ目の問いの要点です（↓講義6：行動の解釈）。

†自由と「自由」

分析哲学がもっぱら言語を研究対象とするのは、大きく二つの理由があります。一つはいま述べたように、言語機構の解明を通じて他の機構を解明するため。この意味では、あらゆる研究対象はいったん、その対象を言語化したものに置き換えられてしまうとも言えます。たとえば、自由とは何かという問いを立てても、その問いはまず、「自由」という言葉の働きについての問いとして吟味されることになるからです。

この点についてたまに、次のような批判を聞くことがあります。――分析哲学者がいくら自由や幸福や死などについて論じても、それは結局、言葉としての「自由」「幸福」「死」を論じているにすぎない。言葉についていくら論じても、実際にどう生きればよいか、つまり実存的な哲学については何も分からない――。

しかし、この批判はそれだけでは表面的と言わざるをえないでしょう。われわれの人生は言葉の介在によって初めて、このような人生としてあるからです。「自由」「幸福」「死」といった言葉への考察なしに、いきなり自由・幸福・死そのものについて思考できると考えるのは、哲学的にナイーブすぎます(それがどれほどナイーブかは、実際にやってみればすぐに分かります)。

あるいは、これに似た批判として次のような批判を聞くこともあります。言語は人間の主観的なものであるから、客観的な自然のあり方とは関係がない――。こうした考えの持ち主もやはり、人間のあらゆる認識が言語なしには成立しないという事実を軽視しています。後の講義で触れる通り、科学的な実験・観察でさえ、言語的な構成物としての理論なしには実行できません(→講義4:科学と非科学の境界)。言語から完全に中立な客観的認識というものはありえません。人間は、科学者としても一人の生活者としても、言語なしには生きられないのです。

†論理と文法

分析哲学が言語を対象とする、もう一つの理由は何でしょうか。自由についての考察が「自由」という語への考察となるとき、この語を取り囲む論理や文法への考察も同時に求められます。言語に備わっている論理や文法の内部で「自由」という語は働くからです。これはもちろん自由だけでなく、何を考察する場合でも同じです。

それゆえ分析哲学では、論理や文法を言語から抽出し、それを一般的なかたちで整理・

体系化することが価値をもちます。論理式のような記号的表現は、この過程でとくに威力を発揮するでしょう。分析的手法のこの傾向は、分析哲学が論証を重視することと強く結び付いています。分析哲学者にとって論理は、研究の対象であると同時に、その研究の良し悪しを決める基準でもあるのです。

ところで論理や文法の探究は、一方では分析哲学を論理学――数学的手法を駆使して論理を体系化していく学問――に近づけ、他方では分析哲学を言語学に近づけると言えます。高度な体系化が進めば進むほど、その距離は縮まっていくでしょう（事実、今日ではかなり縮まっています）。人によっては、論理学や言語学と同化してしまうような研究はもう哲学ではないと言うかもしれません。しかしそうした人々にとっても、そこで得られた体系的な知見は、分析哲学をやるうえでとても有用です。

分析哲学者の中にこのような「道具」を磨き上げていく職人がおり、それ以外の分析哲学者も、その道具を自由に借りられる。これは幸運な事実であって、そうした職人を真に分析哲学者と呼ぶべきかどうかは、本当はどうでもよいことです。ついでに言えば、職人から見て、高級な道具を使いこなせない人々が分析哲学者であるかどうかも、やはりどうでもよいことでしょう（この辺りは、作曲家と音楽理論家の関係に似ています。重要なのは人の呼称ではなく、できあがったものが良い「曲」かどうかです)。

分析哲学はもっぱら言語を分析する、という見方には異論もあると言いましたが、その意味はもう明らかだと思います。分析哲学では、自由でも幸福でも死でも、あるいは映画でも聖書でも核兵器でも、何でも分析することができます。ただ、そうした森羅万象についての分析はつねに言語についての分析を経ており、とりわけ論理や文法や意味論(言語はいかにして意味をもつかに関する理論)に目を向けるとき、言語そのものが分析対象として意識されます。

だから次のように言っても、さほど的外れではないでしょう。分析哲学者があえて「言語を対象にする」と言うときには、論理や文法や意味論に目を向けている。「言語以外を対象にする」と言うときには、言語を対象にした際の知見を活かしつつ、森羅万象に目を向けている。いずれにせよ、あらゆる意味で言語を分析しない分析哲学的研究というのは、ちょっと想像がつきません。

†その歴史

では次に、歴史的な分類としての分析哲学について見ていきます。その起源は一九世紀の終わりから二〇世紀のはじめに求めることができ、ゴットロープ・フレーゲ（一八四八―一九二五）やバートランド・ラッセル（一八七二―一九七〇）が代表的な人物として挙げられます。

フレーゲはドイツの論理学者・哲学者・数学者で、述語論理と呼ばれる現代論理学の考案・公理化などにより、アリストテレス以来の――二千年以上も標準であった――論理学を一新しました（→講義3：述語と量化）。この成果は、哲学と無縁に見える理工学的分野においても、いまや欠かせないものです。ラッセルはイギリスの論理学者・哲学者・数学者で、フレーゲと同様、新たな論理学の創出に携わりましたが、ほかにも多彩な哲学的著作や平和主義活動で知られています（彼は百歳近くまで生き、ノーベル文学賞も受賞しています）。

歴史的な影響関係、つまり研究者から研究者への因果的な繫がりにおいて、フレーゲとラッセルが分析哲学を始動したことは間違いありません。ただ、さきほどちらりと述べたように、分析的手法のある面に注目すると、ラッセルは分析哲学者ではないという見方も可能です。それだけでなく、分析的手法を現在の目からひじょうに狭く限定すると、フレーゲさえも王道の分析哲学者ではないという見方だってありえます。

こうした見方に対し、ラッセルは、あるいはフレーゲは間違いなく分析哲学の始祖なのだと論陣を張ることは、文献の正確な読解という意味でも、分析的手法の再検討という意味でも、専門家にとって有益でしょう。事実、哲学者マイケル・ダメット（一九二五―二〇一一）などのそうした試みがあったからこそ、フレーゲは今日、分析哲学史においてきわめて高い評価を得ていると言えます。

しかし、初めて分析哲学に触れる人々にとって、こうした検討は混乱のもとでしょう。こうした検討の価値は、フレーゲやラッセルの着想の素晴らしさを――分析哲学の王道であるかどうかにかかわらず――存分に味わった後でしか分かりません。そして、これは私の意見ですが、フレーゲやラッセルは分析哲学の先駆者だったからこそ、その手法は、後年の王道的手法と少しずれていて当然なのです。分析哲学に限らず歴史的な潮流は、たくさんの人々の模倣が重なることで後から典型化されるものですが、試行錯誤のただなかにいた先駆者はそうした典型に収まりきらないからです。

†人工言語か日常言語か

いまは無用な混乱を避け、フレーゲとラッセルを分析哲学の祖と仮に認めてもらったうえで、その後の歴史を見ることにしましょう。

フレーゲ／ラッセルの論理学的研究を機に、言語や論理の解明をもって哲学的問題の解消をはかろうという試みが盛んになってきます。この試みは大きく二つの流れを生みますが、その一つの流れは、人工言語学派（または理想言語学派）と言われます。そこでは私たちの日常言語が不完全なものと見なされ、フレーゲ／ラッセルによる新たな論理学を下敷きにした人工的・理想的な言語の確立が目指されます。こうした言語の確立によって、旧来の哲学に見られる曖昧な言語表現が避けられ、哲学的な諸問題についての正確な洞察が得られる、というわけです。

一九二〇年代の終わりごろ、ウィーンの研究者を中心として、人工言語学派の試みは論理実証主義と言われる党派的な哲学運動に展開していきます（主要人物は、カルナップ、シュリック、イギリスのエイヤーなど）。「科学的世界把握」の旗印のもと、一定の判定基準における「無意味な言明」を追放することで、哲学・科学上の疑似問題を駆逐するという狙いがそこにはありました（↓講義4：命題と検証）。この運動は、哲学者と科学者の境界を越えた国際的な広がりを見せ、その後の哲学――とくに科学哲学と呼ばれる分野――にも大きく寄与したのですが、一九三〇年代の後半になると、さまざまな理由から勢いを弱めることになります。

人工言語学派とは異なるもう一つの流れは、日常言語学派と言われます。日常言語学派では、日常言語を不完全な言語として一蹴《いっしゅう》するのではなく、丁寧にその実際の使用を分析することで、哲学的問題に答えていきました。一九五〇年前後、おもにオックスフォード大学で形成されたこの学派は、オックスフォード学派と呼ばれることもあります（主要人物は、ライル、オースティン、ストローソンなど）。

そこで得られた哲学的知見は、行為の分析や知覚の分析、さらには、意識と身体の関係をめぐる古典的問題（心身問題）への新たなアプローチへと派生していきます。のちほど、心の哲学と呼ばれる現代哲学の一分野について触れますが、心の哲学もまた、オックスフォード由来のこうした議論を重要な基礎として形成されたものです。

†概念分析としての哲学

次回からの講義で私は、分析哲学史の主要な「骨」にあたるものを見ていきたいと考えています。それらの骨を繋ぎ合わせれば、大まかな骨格標本ができあがるでしょう。でも一つ気になるのは、そうしたやり方が「肉」にあたるものをそぎ落とさざるをえないことです。

私見では、日常言語学派によってとくに洗練された概念分析の手法こそ、今日もなお、分析哲学における「肉」の役割を果たしています。つまり、私たちの実際の言語使用に注目し、言葉と言葉との関係、そしてその概念的な連関を分析していくやり方です。森羅万象について――たとえば映画や聖書や核兵器について――分析哲学をするとき、まず念頭に浮かぶのは、この概念分析の作業でしょう。論理実証主義者の多くが無視した倫理的事項の研究においても、概念分析は力を発揮します。

今後の講義では、こうした作業の具体例を数多く取り上げることはできません。そうした具体例を見るのなら、実際にそれを試みた著作にあたるのが一番です。たとえばギルバート・ライル(一九〇〇―七六)の『心の概念』(一九四九)では、心に関する諸概念の繋がりが明快かつ丁寧に分析されており(→講義8:行動主義と機能主義)、初めて分析哲学に触れる人でも概念分析の実態をよくつかむことができます。

『心の概念』から一つ、有名な議論を紹介しましょう。心と物質という二種類のもの(thing)は、それぞれ異なる素材からできており、それぞれ異なる因果的な仕組みをもっている――。こうしたデカルト風の見解を、ライルはカテゴリー・ミステイクとして批判します。心と物質は別々のカテゴリーに属しているのに、それらを「もの」という同じカテゴリーに入れて記述したことが、デカルトのような誤解を生んだというのです。

カテゴリー・ミステイクの例として、ライルはこんなものを挙げています。ある大学を訪れ、教室や図書館や研究室などを見て回った人物が「しかし、大学はどこにあるのですか」と尋ねる例。もちろん大学とは、さまざまなものの機能的な集合体であり、個々の教室などと同じカテゴリーのもとで存在するものではありません。

ライルは心にまつわる諸概念——たとえば「知っている」とか「信じている」とか——の役割を一つひとつ細かく見ていくことで、心と物質に関するデカルト風の見解がなぜカテゴリー・ミステイクなのかを論じていきます。心に関する概念は、物質（身体）と対比しうる何らかの「もの」——たとえば脳の中の意識——ではなく、身体行動の「傾向性」のカテゴリーに属する、というのです。

ところで、こうした概念分析の作業にはある不安が付きまとっています。この作業を実行するとき、私たちは実際の言語使用に目を向け、概念間の関係について考察し、ときには辞書の力も借りるでしょう。しかしこうした作業のすべては、部屋の中から出ることなしに可能です。日常言語の使用にすでに習熟した人物——つまりほとんどの人物——ならば、一人で椅子に腰掛けたままでも、次々と発見をすることができるのです。数学者ならまだしも、「心」のような対象を扱う哲学者が、頭の中での概念分析だけで真理にたどり着けるのでしょうか。

この問題については後の講義で改めて考えてみることにしますが、いまは一つの現状報告として、次のことを述べておきましょう。分析哲学とは概念分析である、という考えは、多くの分析哲学者にとって受けいれがたいものになっています。とくに、概念を分析するだけで「必然的な」真理が得られるという考えは、後述するクワインの議論によって徹底的に批判されました（↓講義4：全体論）。それでも概念分析は、分析哲学者の日々の作業として、今日も続けられています。なぜなら、概念分析にはさまざまな不安があるにせよ、そこから興味深い発見が得られることは、紛れもない事実だからです。

概念分析だけですべてが分かる、とか、概念分析は必然的真理をもたらす、といった極端な意見をもたない限り、概念分析はこれからも有益な作業であり続けるでしょう。ライルのさきほどの本での表現を借りるなら、概念分析は「概念の論理的地図」をより良く改訂するものです。一〇〇パーセント正しい地図が手に入らないからといって、概念分析という道具を捨ててしまうのは潔癖すぎます。

†クワインとウィトゲンシュタイン

たくさんの名前を挙げても忘れてしまうので、ここではあと二人だけ、どうしても外せない人物を紹介しておきましょう。一人はアメリカの哲学者・論理学者である、ウィラード・V・O・クワイン（一九〇八―二〇〇〇）であり、もう一人は、ウィーン出身の哲学者ルートウィヒ・ウィトゲンシュタイン（一八八九―一九五一）です。彼らについては講義4と講義5でくわしくお話しすることにします。

クワインはアメリカ哲学の代表格であり、イギリスやドイツ語圏の哲学者とはまた違った角度から、分析哲学の可能性を広げました。クワインの哲学は、カルナップを筆頭とする論理実証主義の強い影響を受けつつも、論理実証主義への精緻《せいち》な批判と、そこからの飛躍によって成り立っています。分析哲学史上には、クワインによって初めて明確化され、スタンダードとなった論点がいくつもあります。また彼の哲学によって、哲学にはそもそも何ができるのかを、多くの人々が見直すことになりました。というのも彼は、自然科学の成果と独立に哲学をすることはできない、とする説得的な議論を、分析的手法のもとで展開したのです（→講義5：自然と自然科学）。

他方、ウィトゲンシュタインはラッセルの弟子として出発しましたが、ラッセルおよびフレーゲから強い影響を受けながらも、ごく初期の段階から、彼らとは大きく異なる哲学的構想をもっていました。ウィトゲンシュタインは分析哲学史における黒幕と言えるでしょう。

彼の哲学のやり方が分析的手法の王道だと考える人はごくわずかでしょうが（たとえば彼の著作には通常の意味での論証がほとんどありません）、にもかかわらず、もし彼がいなかったなら、分析哲学史はまるで違ったものになっていたはずです。彼には二つの主著がありますが、一方は人工言語学派――とくに論理実証主義――に決定的な影響を与え、他方は日常言語学派の着想を先取りしていました。とはいえ彼自身の哲学は――先駆者は王道から外れるという話をしましたが――、二つの学派のどちらにも位置づけられない、ひじょうに独特なものです。

きわめて大雑把ですが、以上で一九六〇年頃までの分析哲学の流れを見ました。一九六〇年以降には、言語哲学のさらなる深化に加え、心の哲学という新たな分野と、アリストテレスにまでさかのぼる形而上学《けいじじょうがく》の分野において、分析的手法が活躍し始めます（ソール・クリプキなど、代表的な論者については後半の講義で触れることにします）。この流れはその後も続き、心の哲学はそれ自体で巨大な領域を形成しましたし、分析的手法による形而上学は分析形而上学と呼ばれる独特の領域を生み出しました。

今日、分析哲学はすっかり哲学の全領域に浸透し、わざわざ分析哲学と名乗るまでもなく、その手法はいたるところで使われています。英語圏の哲学の現状を見て、もはや分析哲学が哲学そのものになった、と表現する人もいるくらいです。この表現はちょっと極端ですが、言わんとする精神は明らかでしょう。個人的には、分析哲学の浸透と拡散に、文学史におけるＳＦのそれと似たものを感じます。つまり、そこで使われている概念装置が分野全体に十分に行きわたったため、その出自がもはや意識されなくなっている――そのぶんジャンルとしての勢いは落ちている――わけです。

†講義の狙い

次回からの講義の狙いについて、簡単にお話ししておきます。今回は対象・手法・歴史の三つの観点から分析哲学を見てきましたが、今後はとくにその手法に焦点を当てることにします。つまり分析哲学史上の実際の議論をもとに、問題がどのように整理され、さばかれていったかを――歴史的な順序にはあまりこだわらず――見ていきます。限られた講義回数のなかで対象・手法・歴史のすべてを詳述できないのはもちろんですが、なかでも手法に注目するのは、それこそが私の考える分析哲学の一番の魅力だからです。

これには、私の分析哲学への姿勢、正直に言えば、私の知識の貧しさも関わっています。私は分析的手法の愛好者ですが、分析哲学史の専門家とは言えず、たとえば特定の哲学者の考えを何もかも知っているわけではありません。私にとってはつねに、個々の哲学者の前に個々の哲学的問題があり、分析哲学の前に哲学そのものがあります。しかし私はだからこそ、分析的手法が哲学の全領域において価値をもつことを実感しています。

分析哲学の対象の幅広さ、その哲学史の細部の面白さ、これらについては後で挙げる文献紹介を参考にしてください（手に入りやすく日本語で読める本を中心に紹介しています）。そして今後の講義ではもっぱら、分析哲学について何かを覚えること以上に、分析哲学をやるとはどういうことかを感覚としてつかんでほしいと思います。

次回からの講義を聞いて、分析哲学をやることはたんに哲学をやることと同じじゃないかと思う人や、分析哲学をやることはたんに正確に考えることと同じじゃないかと思う人もいるでしょう。その感想は半分当たっています。分析哲学は、旧来の哲学や、一般的な意味での正確な思考と切り離されたものではありません。ただ、それらの内部から何を拾い上げ、どのように磨き上げるかに、分析哲学の独自の感性があります。

†哲学は役に立たないか

ところで、分析哲学を含めた哲学は社会的な意味で役に立つのでしょうか。日本でもここ数年、哲学の有用性を訴える動きが盛んになっています（たとえば応用哲学会の設立など）。その有用性には多くの側面がありますが、よく指摘されるのは、厳密に思考し議論をする能力が向上する点でしょう。たんに相手を打ち負かすのではなく、お互いの主張を論理的に整理し、より良い主張を共同探究する力が身につくという見解。私もこれは事実だと思います。それが哲学をする第一の目的だとは思いませんが、そうした副産物があることは確かです。とくに分析哲学に関しては、暗黙の前提を明文化する技術に目をみはるものがあります。

他方で、哲学は社会的な意味で役に立たず、ときには、それを知ることでだれも得をしない真実を突きつける、という見解もあります。私は、こうしたことを言いたくなる気持ちも分かります。この意味での哲学的知見は、地層奥深くの鉱物のようなもので、宝石のように有用性とまったく独立の美しさをもつこともありますし、砒素《ひそ》鉱物のように毒性をもつこともあります。そしてなかには、類いまれな美しさと毒性を兼ね備えたものも存在しています。

いま挙げた二つの見解は、おそらくどちらも正しいでしょう。役に立つかどうかに縛られず、きわめて広範な範囲の謎をひたすら検討していける——どんな回答が得られても役に立ちそうにない設問も許される——、これは哲学の大きな魅力ですし、その結果、有益な知識がたまたま得られる場合も、有害な知識がたまたま得られる場合もあります。このうち前者に目を向けて応用を考える人もいるでしょうし、後者に目を向けて、それが社会的に隠されていることにさらなる関心をもつ人もいるでしょう。

さて、しかし以上の話とは別に、ごく個人的な意味での有用性が哲学にはあると私は思います。この連続講義を最後まで聞いたとき、哲学史的な知識は初めて知ったが、そこでの独特な思考のあり方は昔からよく知っていた、と感じる方が、皆さんのなかに少数ながらいるでしょう(毎年新しい学生を見ていると、きわめて少数ながらいつも一定の割合でいます)。そうした種類の人々にとって、哲学は役に立つのかという問いは、実はあまり意味がありません。彼らは放っておいても哲学をしてしまう性向なのであり、すでに哲学を始めてしまっているからです。

彼らにとって哲学の一番の有用性とは、哲学の存在そのものです。自分が意図せずにやってきたあれが「哲学」と呼ばれる学問であり、その内部では、あのような思考に歯止めをかけなくてもよいと知ること。古今東西の人々がそこから先に進むことで、他の手段では得がたい知見を得てきたのを知ること。このことは大げさではなく彼らにとって僥倖《ぎょうこう》であり、少なくとも彼らの人生においては、何が有用で何がそうでないかの基準自体を変える出来事なのです。

講義2　意味はどこにあるのか

†意味の客観性

私たちは言語を使って意味を伝えることができます。でも、意味を伝えるとはどういうことでしょうか。それは、話し手の頭の中にある心理的で私秘的なものを、聞き手の頭の中に届けることでしょうか。

私が「アセロラの実は赤い」と言うとき、何らかの心理的イメージを思い浮かべているとします。意味の伝達がそうしたイメージの伝達であるなら、この発言を聞いた他人も、私のものとよく似たイメージを思い浮かべなくてはなりません。

このような意味伝達のモデルは、かなり常識に近い気もしますし、実際、一九世紀までの学説の中にもこれに近いモデルはいくつか見られます。しかし分析哲学の始動——そして観念論からの離脱——を決定づけたのは、意味伝達はけっしてそのようなものではありえない、という重要な哲学的直観でした。

「アセロラの実は赤い」という文の意味が、この文に結び付けられた私の何らかのイメージだとするなら、この文は客観的な意味をもてないでしょう。私は、私のイメージそのものを他人に伝えることはできませんし、また、自分のイメージと他人のイメージを見比べることもできません。仮に、「アセロラの実は赤い」という私の発言をだれかが聞いて、その人なりのイメージを思い浮かべたとしても、それが私のイメージと同じものであるかは確認できません。

そうした確認をするために、他人にその人のイメージについて質問してみればよいと思うかもしれませんが、これはもちろん、同じ問題を生むだけです。「あなたのイメージでは、その赤さはトマトくらいですか」という質問に「はい」と答えたとしても、今度はこの質問の文の意味が、どうやって伝わったのかが問題になるでしょう。たとえば、その「トマト」の意味はどんなイメージと結び付いているのか。言葉での質問を繰り返す限り、問題は増え続けてしまいます。

言葉の意味の同一性が、その言葉に結び付けられたイメージの同一性によって支えられているなら、イメージがその持ち主だけの私秘的なもの――その人だけにしか確認できないもの――である以上、言葉の意味も私秘的なものになってしまいます。しかし、これが本当なら、私たちは同じ言語を使って話すこともできないはずです。

いま問題になっているのが、意見の客観性でも、事実の客観性でもなく、意味の客観性であることに注意してください。「アセロラの実は赤い」の例で言うなら、すべての人がアセロラの実は赤いと信じているかどうかや、アセロラの実は赤いという客観的事実があるかどうかが、問題なのではありません。そうではなく、「アセロラの実は赤い」という文の意味が客観的かどうかが問題なのです。

意見の食い違いというのは、意味の客観性が確保されていて初めて可能になるものです。私が「アセロラの実は赤い」と言い、だれかが「アセロラの実は赤くない」と言ったとしましょう。このとき私とその人は違う意見をもっていますが、それでも、「アセロラの実は赤い」という文を同じ意味で理解しています。同じ意味で理解しているからこそ、この対立は本当の対立になるのです。

†心理主義批判

「2＋3＝5」のような例において、意味の客観性はまさに不可欠でしょう。「2＋3＝5」の意味がもし、この文（数式）に結び付けられたイメージだとしたら、人によって「2＋3＝5」の意味が違っていることもありえます。ある人はリンゴが並んでいる状況をイメージするかもしれないし、別の人は定規の目盛をイメージするかもしれません。しかし数学的な真理が、そうした主観的な意味の与えられ方によって揺らいでしまってよいものでしょうか。たとえば、私にとってのピタゴラスの定理（三平方の定理）と他人にとってのピタゴラスの定理が違う意味をもっている、などということが許されるでしょうか。

そんなことはけっして許されない、とフレーゲは考えました。数学的・論理的な文の意味は、すべての人にとって同一のものでなければならない。それらの意味は客観的でなければならない。フレーゲはこの直観を、数学・論理学以外の文にまで拡張し、心理的なイメージの外へと、文の意味のありかを求めました。心の中や頭の中に、意味は存在しないのです。こうしたフレーゲの考えは「心理主義批判」と呼ばれています。

ここで次のような疑問がわくでしょう。文学などで用いられる文には、意味の客観性がないものもあるのではないか。「春の海　ひねもすのたり　のたりかな」のような表現にとっては、たとえ他人と比較不可能であっても、それと結び付けられる心理的なイメージが重要なのではないか（文芸批評では、むしろそうしたものが意味と呼ばれる傾向さえあります）。

フレーゲの念頭にあった文とは、あくまでも、真であるか偽であるか（正しいか正しくないか）を正確に問うことができるものです。論理的な文のみを彼は検討した、と言ってもよいでしょう。そこには数学や論理学の文、そして理想的な――曖昧な表現を排除した――哲学や自然科学の文が含まれます。このフレーゲ的観点から見ると、日常的な文の多くは論理的に不完全ですし、先述のような文学的表現はなおさらです。

†意味のイメージ説

意味とは心理的イメージである、という考えは、奇妙な点をいろいろと含んでいます。この考えを「イメージ説」と呼ぶことにして、この説を検討してみましょう（言語哲学の領域で「意味の心像説」とか「意味の観念説」と呼ばれているのは、このイメージ説と基本的に同じものです）。

ある言葉に他人が結び付けているイメージを、別の言葉で確認するのではなく、映像などで確認したらどうでしょう。たとえば画用紙に色を塗って、「赤い」とはこういう色のことか、と聞いてみるわけです。こうすることで、他人のイメージと自分のイメージを比較することができないでしょうか。

議論を二つの段階に分けましょう。一つ目の段階は、いま述べたような作業によってイメージの比較ができるのかを問うものです。もし、この作業で他人の同意が得られたとして、そのことで明らかになるのは何でしょうか。それは、私の頭の中のイメージと他人の頭の中のイメージが同じだということではありません。私と他人はそれぞれ独立に、自分の頭の中のイメージと画用紙の色を比較して、それらが同じ色だと判断しているにすぎないからです。つまり、私が比較しているのはあくまでも、私にとっての赤色のイメージと私にとってのその画用紙の色であり、私秘性は完全に守られたままです。

次の状況を考えてみましょう。もしも私とあなたの間で、赤色と緑色のイメージが逆転していたら、どうでしょうか。つまり、私が赤色を見たとき（もしくは想像したとき）にもつイメージをあなたは緑色に対してもち、反対に、私が緑色を見たとき（もしくは想像したとき）にもつイメージをあなたは赤色に対してもつわけです。

ここではイメージという言葉が、頭の中で思い浮かべた像だけでなく、実際に赤色を見たときに見えるものにも適用されていますが、言葉の用法を拡張したわけではありません。想像上の赤色も目で見た赤色も、どちらもそれを見ている人物にしか見えない私秘的な像として現れており、こうした私秘的な像のことをこれまでもイメージと呼んできたわけです。この意味でのイメージの例はもっぱら映像的なものですが、私秘的な像である点が本質なので、非映像的――たとえば音声的――なものであってもかまいません。

画用紙を使った色のイメージの比較は、先述の逆転が生じていても、比較結果に影響を与えません。逆転が生じていない場合に私とあなたの意見が一致するなら、逆転が生じている場合にも必ず一致します。なぜなら私とあなたとでは、「赤色」や「緑色」という色の名前をどのイメージに適用するかについての判断も逆転しているからです。たとえば、あなたにとって血液は、私なら「緑色」と呼びたくなるような色に見えていますが、しかしあなたは周囲の人から、その色を「赤色」と呼ぶように教育されていますから、結果的には私もあなたも血液の色は赤色だと判断します。色の見え方と呼び方がそろって逆転しているために、どちらの逆転も表面化しないのです。

この状況を、色覚異常のような事例と混同しないように注意してください。たとえば色弱者の場合は、ほとんどの人が見分けられる色の違いを見分けることができず、そのことは色覚テストなどで確認できます。ですが、さきほどの逆転の事例では、そのような確認ができません。

逆転の想定をより整合的にするために、赤色と緑色だけでなく、色覚全体が私とあなたの間で体系的にずれているとしましょう。色相環をご存じの方は、両者の間で色相環の見え方が回転的にずれている状況を考えてください。この場合、「水色は赤よりも青に似ている」とか「黄色は青の補色（反対色）である」といった色同士の関係の判断も、両者で完全に一致することになります。このとき、何らかの色覚テストによって両者のずれが表面化することはありえません。

†イメージと概念

いま確認したように、自分と他人との間でイメージの比較ができないことは、イメージ説にとって大きな難点です。しかし、仮にこの比較ができたとしても、イメージ説にはまた別の難点があります。イメージ説には、イメージが私秘的であること以外にも、重大な問題があるのです。二段階目の議論として、これを見ていくことにします。

私と他人の両方が、「アセロラの実は赤い」という文のイメージにふさわしいと認める絵が描けたとしましょう。さらに私秘性の問題を無視して、この絵が私にも他人にも同じように見えているとしましょう。このとき、「アセロラの実は赤い」という文の意味はその絵のようなものなのでしょうか。

そんなことはありえません。たとえば、その絵にはアセロラの実が三粒描かれているかもしれませんが、実が三粒であることは、「アセロラの実は赤い」の意味に含まれないからです。別の人物がこの文を聞いて四粒の実をイメージしたとしても、そのことから、この文の意味が伝わっていないとは言えません。

ここには、イメージと概念の違いがあります。「アセロラの実は赤い」と結び付けられたイメージは、具体的なイメージであればあるほど余計な細部を――たとえば何粒であるかを――伴ってしまい、この文の概念的な理解から遠ざかってしまいます（だからといってイメージの具体化を拒めば、イメージの比較そのものができません）。

別の例を出しておきましょう。ピタゴラスの定理を習った二人の学生が、たまたま、そっくりな三角形を具体的にイメージしていたとします。しかし、そのイメージの同一性は、ピタゴラスの定理の概念的な同一性（その意味の同一性）とまったく関係がありません。

ばらばらの三角形をイメージしながら二人が同じピタゴラスの定理を理解していることはありえます。現実にはむしろ、その場合がほとんどでしょう。

私はいま、イメージが概念以上に細部を捉えてしまう例を挙げました。あの有名なデカルトがこれと対比的な例を挙げています。デカルトは、千角形と千一角形の違いをイメージすることはできないが、その違いを概念的に理解することはできると述べました。この場合、概念はイメージよりも詳細であると言ってよいでしょう。

概念とイメージのどちらがより詳細かはともかく、重要なのは、この二つが異なるという事実です。そして、いま私たちが論じている「意味」は、概念の伝達に関係しています。「千一角形」という言葉の意味は、概念的に与えられるのであり、イメージによっては与えられません。

†規則を読み取る

ウィトゲンシュタインはイメージ説に対して、こんなことを書いています。「赤色」の意味が赤色のイメージであるなら、「赤色をイメージしろ」という命令にどうやって従えばよいのか。この命令に従おうとしても、その意味を理解したときには、すでに赤色をイメージし終わっている。だから、この命令の意味を理解した後で、赤色をイメージすることはできない。つまり、赤色をイメージするというこの命令に、意味の理解に先取りされないかたちで従うことはできない。

これは明らかに、おかしな状況です。私たちは事実、「赤色をイメージしろ」という命令に従うことができるわけですから、イメージ説には何か問題がありそうです。いま思いつきましたが、このおかしさを実感するには、「赤色をイメージするな」という命令について考えてもよいでしょう。より従いやすい命令として、「いまから三秒間、赤色をイメージするな」という命令でもかまいません。私たちはこうした命令に従えます。しかしイメージ説が正しいとしたら、こうした命令に従うことは――「赤色をイメージしろ」よりも明確に――不可能でしょう。なぜなら、命令の意味を理解した段階で、赤色をイメージしてしまっているからです。

ウィトゲンシュタインはこのほかにも、死後に刊行された著書『哲学探究』(一九五三)において、イメージ説へのさまざまな批判を述べています。なかでも決定的な批判とよく評されるのは、〈イメージは唯一の規則を与えない〉というものです。それがどのような批判であるかを、順を追って見ていくことにしましょう。

「赤色」という言葉に私が結び付けているイメージを、絵に描くことができたとします。では、その絵を他人に見せることで──私秘性の問題は無視できるとして──、「赤色」の意味を伝えられるでしょうか。あるいは、もっとSF的な状況を考えてみましょう。私の脳と他人の脳を繋げて、「赤色」についての私のイメージを、直接他人が見たとします。このようなことが実現したなら、「赤色」の意味を伝えられるでしょうか。

さきほど私は、イメージは概念よりも細かすぎるために意味の伝達には使えない、という話をしました。たしかに、特定の具体的なイメージによって赤色一般を表すのは無理でしょう（赤色にもたくさんの種類があるので）。しかしここでウィトゲンシュタインは、もっと根源的な問題を指摘します。イメージというものは、ただそれだけが与えられても、そこからどんな規則を取り出せばよいのか分からない──同じ一つのイメージから、いくらでも異なる規則を読み取ることができるから──と彼は論じたのです。

規則を取り出すという言い方が分かりにくければ、解釈をすると言い換えてもよいでしょう。私たちは絵を見るときに、それを何かとして（たとえば山や海として）見ます。抽象画やだまし絵はもちろん、きわめて写実的な絵であっても、何らかの解釈をすることなしにそれを絵として見ることはできません。

芸術解釈の多様性が問題なのではなく、どんなに単純なイメージであっても、無数の解釈を許すという点が重要です。紙に横線を引いただけでも、ある人はそのイメージを地平線として見るかもしれませんし、別の人は漢数字の「一」として見るかもしれません。それどころか、人によってはそれをそもそも線として見ない――たとえばインクの染みとしてしか見ない――可能性もあります。

ウィトゲンシュタインのいくつかの例から、次のものを見ておきましょう。「右に進め」ということを表すのに右向きの矢印を描いたとしても、それをどのように読むべきかは、そこに描かれていません。矢印の先端ではなく末端に向かって進む人もいるかもしれないし、矢印の先端方向に厳密にまっすぐ（道の緩やかな曲がりも無視して）進む人もいるかもしれないのです。

矢印の横にその矢印の読み方を書き足しても、問題は解決しないでしょう。今度は、その追加の記載からいくらでも異なる規則を読み取れるからです。たとえば「右に進め」という文字列を書き加えたとしても、それ自体は線の組み合わせとしてのイメージにすぎず、そのイメージを〈右に進め〉として読むのは、そのようなものとしてイメージを見た場合だけです。

ただ一つの規則だけを強制的に読み取らせるイメージなどない。ウィトゲンシュタインのこの指摘は、イメージ説の批判としてたしかに痛烈です。ただ、この指摘をイメージ説という固有の説への批判として紹介するのは誤解を招くでしょう。そのような紹介をする解説は多く、ウィトゲンシュタイン自身も「像や像に似た何か」と記してはいますが(『哲学探究』一四〇節)、しかし彼はここで、意味とは心理的な像(イメージ)であるという考えだけでなく、そもそも意味とは何らかのものであるという考え全般を揺るがす、恐るべき指摘をしているのです。

†意味の指示対象説

その「恐るべき指摘」については、後の講義で話すことにしましょう(→講義5:規則と解釈)。いまは心理主義批判の議論に戻り、頭の中から追い出された「意味」がどこに行ったのかを考えてみます。

私秘的空間から追い出された意味は、公共的空間へとやって来ます。意味が公的なものとなることで、言葉の意味は客観性をもつのです。しかし意味は、具体的にどのようなものとして公共的空間に置かれるのでしょうか。その何かは、だれからも接近可能であり、だれにとっても同一性を保ったものでなければなりません。

単純ながらも説得力のある考えは、言葉の意味を、その言葉によって指示される対象であるとするものです。たとえば「東京タワー」の意味は、指示対象としての東京タワーそのものだと考えるわけです。言葉の意味が指示対象であるなら、それはたしかに、だれからも接近可能であり、だれにとっても同一性を保つでしょう。イメージ説と対比して、この考えを「指示対象説」と呼ぶことにします。

たまに誤解されるのですが、イメージ説と指示対象説の違いは、仮想的な対象を表現するか実在の対象を表現するかの違いではありません。さきほども確認した通り、イメージ説におけるイメージとは私秘的な像のことであり、その像が写しているものが仮想的かどうかに関わりません。東京タワーは実在しますが、「東京タワー」の意味はこの言葉に結び付けられているイメージだ、と考えるなら、それもやはりイメージ説に属します。

指示対象説は、「東京タワー」のような表現についてはかなり有望なものに見えます。「東京タワー」の意味は東京タワーである、というのはとても明解な考えであり、これ以外の考えはすぐには思い浮かばないくらいです。しかし指示対象説には、抽象的概念についての問題があります。たとえば「東京タワーは赤い」という文のうち、「赤い」は抽象的概念なので、特定の具体的対象を指す言葉としてそれを理解することはできません。赤いものは東京タワーだけでなく、世界のいたるところにあるからです。では、指示対象説が正しいのだとしたら、「赤い」の指示対象は何なのでしょうか。

個物と普遍者という、古くからの分類を導入しましょう。個物とは、東京タワーや福沢諭吉のように、ある時間・ある場所に存在する具体的なものです。これに対して普遍者は、赤さや人間であることのような抽象的存在であり、特定の時間・場所に位置していません。時間の流れとともに、個物は変化し、消滅しますが、普遍者はまさに普遍的であり、変化や消滅とは無縁です。

普遍者は特定の個物のなかに見出されますが、しかしそれはあくまでも普遍者が一例としてその個物のもとに現れているだけであり（哲学ではこれを「例化」と言います）、普遍者そのものが限定された時間・場所のみに存在するわけではありません。たとえば東京タワーという個物は、赤さや塔であることなど、たくさんの普遍者を例化していますが、赤さや塔であることが、東京タワーが位置する時間・場所だけに存在するとは考えないわけです。

物理的世界でも心理的世界でもない世界に普遍者が存在するという考えは、プラトニズムという名のもと、しばしば一蹴されます。「プラトニズム」と呼ばれるのは、プラトンが抽象的対象としてのイデアについて述べた考えに似ているためです。現実の経験的世界には、たとえば完全な線は存在しません。どんなにきれいに線を描いても、それは微妙に曲がっていますし、太さをもっています。にもかかわらず私たちは、真にまっすぐで太さのない完全な線とは何かを理解しています。これはいったい、なぜでしょうか。プラトン的に答えるなら、その理由は、非経験的な世界としてのイデア界に完全な線のイデアがあり、私たちがそのイデアを知っているからです。

何らかの名のもとに一蹴されるような見解には、たいてい、それなりの良さがあるものです。フレーゲもラッセルも、細部はいろいろと異なりますが、指示対象説を視野に入れた一種のプラトニズムをとりました（ラッセルの場合、時期ごとに考えが変化しますが、ここでは二〇世紀初頭の著作を念頭に置いています）。物質として見ることも触ることもできないような世界がある、という考えはたしかに怪しげですが、それでは、たとえば数の2はどのように存在するのかと聞き返されると、多くの人が答えに窮するでしょう。経験的世界にはさまざまな対象が二つ存在しますが、しかし、そのいずれかが2そのものだと答えるのは無理があります。

あるいは2＋3＝5はどうでしょうか。二個のリンゴと三個のリンゴを合わせれば五個になりますが、こうした個別の経験的事例を2＋3＝5と同一視することはできません。極端な話、宇宙が消滅して具体的な事物が何も存在しなくなっても、2＋3＝5という真理は普遍的なままでしょう。では、2＋3＝5はどこに存在するのか。プラトニズムはこうした数学的対象を例にとるとき、とくに共感を呼びやすいものになります。

†文の指示対象

重要なのは、私秘的な場所から意味を追い出すことです。普遍者から成る世界の存在をとても信じられないのであれば、その代わりに「赤い」や「2」などの意味の置き場所を考えなくてはなりません。存在するのは物理的世界だけであると考えるなら、これらの抽象的概念の意味もまた、物理的世界のどこかに置いてやる必要があります。「赤い」や「2」の意味は世界を認識する人間の心の中にある——人間は赤さや2のような概念を用いて世界を認識する——といった観念論風の答えは許されていないのです。

私たちはさきほど、指示対象説にとって抽象的概念が厄介な代物であることを見ました。プラトニズムを一蹴する人は大勢いますが、しかし、普遍者なしでこの問題にどう答えればよいのか、明快な答えは与えられていません。

たとえば一つのアイデアとして、普遍者の代わりに個物の集合を指示対象（＝意味）にしようというものがあります。「赤い」の指示対象は赤さの普遍者ではなく、赤い個物の集合だと考えるわけです。これは悪くないアイデアですが、しかし腑に落ちない人も多いでしょう。というのも、「赤い」の意味は「赤い」と呼ばれるものの集合だ、という説明は循環している――何の説明にもなっていない――ように見えるからです。その集合はそもそもどうやって得られたのか、という疑問が当然わいてきます。

この疑問に対し、赤さをもつものを集めたと答えることはできません。赤さとは何かが問題なのであり、いま見ているアイデアによれば、それは「赤い」と呼ばれるものの集合なのですから、赤さをもとにその集合を集めることなどできません。しかし、赤さの概念を持ち出さず、類似したものを集めることでそうした集合が得られるのだとすると、その類似性とは何かについて、再度問題が発生してきます（類似性を原始概念――それ以上説明されない基礎的な概念――とすることで循環的説明を逃れる道もありますが、原始概念としての類似性というのは、それ自体、多くの謎をはらむものです）。

あるいはこんな問題もあるでしょう。「赤い」の意味が「赤い」と呼ばれるものの集合であるとして、それは可能的なものも含むのでしょうか。その集合が、この現実世界において「赤い」と呼ばれるものの集合であるなら、たとえば、この机の上にもし赤い本があったら――現実にはない――という想定が意味をもつことが奇妙に思われてきます。なぜなら、その本はさきほどの集合に入っていないにもかかわらず――そしてこの集合こそが「赤い」の指示対象（＝意味）であるにもかかわらず――、この仮想的状況を表す文は明らかに意味をもっているからです。

ところで指示対象説の悩みの種となるのは、「赤い」のような性質的表現だけではありません。この説を文字どおりに受けいれるなら、意味のある言語表現は何でも指示対象をもつことになりかねませんが、これは途方もない存在論――何がどのように存在するかについての論――だと言えます。たとえば、「すべての人間は死ぬ」という文に含まれる「すべて」「の」「人間」「は」「死ぬ」といった言葉がそれぞれ意味をもつとすれば、「人間」や「死ぬ」だけでなく、「すべて」「の」「は」もまた指示対象をもつことになるからです。具体的事物としてそれらを確保することは、きわめて困難な課題でしょう。

さらに、文は全体として一つの意味をもちますから、文全体に対応する何らかの存在も、指示対象説では必要になります（個々の語の指示対象を合成したものがそれに当たるとしても、その合成体は個々の構成要素とは別のものです)。より悩ましいのは、「すべての人間は死ない」のような偽の文(正しくない文)の扱いでしょう。真の文(正しい文)については、その指示対象は現実の具体的な事実である、と考える余地があります。ところが偽の文の場合、そこで表現されているような事実は現実に成り立っていないので、具体的な事実を指示対象とすることはできません。

偽の文も有意味である以上、指示対象説が正しいなら、その指示対象が求められます。プラトニズムに助けを求め、偽の文は抽象的存在物としての思考(その思考なるものは、インクや音波などで作られた文とは違い、特定の時間・場所に存在しません)を指示対象としてもつと考えるなら、世界には有限の事実だけでなく無数の思考が——偽の文はいくらでも作り出せるので——ひしめき合っていることになります。プラトニズムをとるにせよ、これはあまりにも極端な考えでしょう。

†名前の意味

分析哲学の良いところでもあり、おそらく素人受けしないところは、問題をどんどん細分化するところです。何か一つの深遠な学説で森羅万象を説明し尽くすのではなく、切り分けられた問題のそれぞれについて、ふさわしい分析方法を考えていく。適切な分析方法が見当たらない場合は、さらに問題を切り分けて、回答可能な小さな問題にしていく。このやり方は地味に見えますが、結論を急がない姿勢にいったん共感し、また、言語という融合体の複雑さを知ると、その地味さがむしろ魅力的に見えてきます。

意味の指示対象説についても、これで意味の問題すべてを一挙に片づけることはできません。そこには抽象的概念の問題がありますし、文の指示対象（とくに偽の文の指示対象）の問題もあります。しかし、特定の具体的事物を指し示す名前については、指示対象説が成り立つと言えないでしょうか。名前の意味とはその指示対象である——たとえば「東京タワー」の意味とは東京タワーである——というのは、正しい学説ではないでしょうか。

次回の講義では、この限定された説についての議論を見ていくことにします。今回は言語全般にとっての意味を話題にしたため、個別の言語表現の具体的分析には踏み込みませんでした。次回からのそうした分析を見ることで、〈言語構造の解明によって諸問題に答える〉という分析的手法の特性がより明確になると思います。

もし皆さんがこれまで、名前の意味とは何かを考えたことがなかったとしたら——たいていはないと思いますが——、次回の講義までに少し考えてみてください。自分のふだんの生活の中で、名前の意味とはその指示対象であるという考えをとっているかどうか。とっていないとすれば、名前をどのようなものとして使っているか。こうしたことを考え始めると、自分が言語を使えるということが驚異的なことに思われてきます。名前という、きわめて限定された言語表現でさえ、その機能は本当に複雑なのです。

名前と述語

†確定記述

ひとことで名前と言っても、さまざまな機能をもったものがあります。前回の終わりで触れたのは、「東京タワー」のような単一の事物を指し示す名前でした。こうした名前は通常、固有名（固有名詞）と呼ばれます。「アインシュタイン」のような人物名も、「日本」のような国名も固有名です。

同じ名前でも、「ネズミ」や「赤色」は固有名と異なる機能をもっています。これらの一般名（一般名詞）は、何らかの一般的な種や性質を指すものであり、単一の事物を指すものではありません（東京タワーは一つしかありませんが、ネズミはたくさんいます）。なかでも、自然科学上の種を指す一般名は、自然種名と呼ばれます。たとえば、先述の「ネズミ」は自然種名です。

前回見た意味伝達についての指示対象説ですが、固有名に関してなら、この説は正しいでしょうか。ラッセルの論文「表示について」（一九〇五）を参考にこの問題を考えてみたいのですが、その前に、次のことを確認しておきます。固有名はどれも単一の事物を指す表現ですが、では逆に、単一の事物を指す表現はどれも固有名だと言えるでしょうか。

そうは言えません。固有名以外にも、この機能をもった表現が存在します。一つは「これ」「あれ」のような代名詞であり、また、それを用いた「この本」「あの男」のような表現です。そしてもう一つは、「現在のイギリス王」や「ヒッチコック監督の遺作」のような確定記述句です。

確定記述については、定冠詞（英語ならばthe）の機能をもとに理解することができます。「現在のイギリス王」は英語で“the present King of England”のように書けますが、ここでは定冠詞の機能によってただ一人の人物が指し示されています。記述が定冠詞と結び付くことで、固有名のような指示をなしえているのです。

定冠詞のない日本語だと少し分かりづらいので、定冠詞の代わりに〈あの唯一の〉という表現を使ってみましょう。すると、「現在のイギリス王」とは「現在のイギリスにおける〈あの唯一の〉王」であり、「ヒッチコック監督の遺作」とは「ヒッチコックが最後に監督した〈あの唯一の〉映画」ということになります。

†指示対象の不在

のちほど確認するように、ラッセルは固有名もまた確定記述の一種だと考えました。たとえば固有名「東京タワー」は、「電波塔である」「昭和三三年に完成した」「高さが約三三三メートルである」等々の記述の束を短縮したものと見なされるのです。そこで、固有名について指示対象説をとることの是非を、まずは確定記述を論じることで吟味していくことにしましょう。

初回の講義で例に挙げた、次の問いを思い出してください。

・「現在の日本の大統領」という表現は、そんな人はいないのになぜ意味をもつのか。

「現在の日本の大統領」は確定記述句です。この句はたしかに意味をもっていますし、また、少なくとも字面の上では特定の事物を指しているように見えます。ところが指示対象説はここではうまく働きません。理由は単純、現在の日本の大統領など存在せず、この句は指示対象をもたないからです。

集合の概念で考えるなら、現在の日本の大統領であるものの集合は中身がありません。それは空集合（空っぽの集合）なのです。指示対象説を擁護するために、「現在の日本の大統領」の指示対象は空集合である、と考えるのは無理があります。そんなことを認めれば、「百人の子どもを産んだ女性」だろうと「浦島太郎の息子」だろうと、具体的な指示対象をもたない記述はすべて、空集合という同一のものを指示対象にもつことになり、それゆえ、指示対象説のもとでは同じ意味をもつことになるからです。この結論は明らかに直観に反するものでしょう。

「現在の日本の大統領は女性である」のような文の単位で考えても同じです。このような偽の文の場合、真の文と違って、それに対応する事実は成立していません。ですから、何らかの事実をこの文の指示対象と考えることはできません（偽の思考のような、プラトニズム的存在者でも認めない限り）。もしここでも、事実についての空集合をその指示対象と考えるなら、偽であるすべての文は、同じ指示対象をもつことになってしまいます。このとき、指示対象説のもとでは、偽の文はどれも——たとえば「現在の日本の大統領は女性である」と「2+3=7」はどちらも——同じ意味をもつことになるでしょう。これもまた明らかに、私たちの直観に反しています。

文を単位としたときには、さらにこんな問題があります。「現在の日本の大統領は存在しない」という文は真であり、世界にはそのような否定的事実が成り立っているわけですが、とはいえ、その否定的事実なるものは何らかの具体的事実ではありません。「現在の日本の大統領は存在しない」が真であるとは、ある事実が成り立っていないという事実が成り立っていることであり、まさしく、否定的事実としか言いようがない特殊な事実だからです。はたして、この否定的事実というものを文の指示対象と見なしてよいのか。ここには、空集合を指示対象と見なすこと以上の困難が予想されます。空集合は空っぽの集合とはいえ、そのような集合としてある——定義されている——のに対し、否定的事実は空っぽの事実ですらないからです（そもそも、空っぽの事実とは何でしょうか）。

†記述理論

ではラッセルは確定記述句をどのように分析したのでしょうか。その分析は次のように要約できます。――確定記述句は〈あの唯一の〉事物を指すように見えるが、それは表面上のことである。たとえば「現在の日本の大統領は女性である」という文は、ある特定の人物について何かを語ったものではない。この文は、特定の人物について語ったのではない複数の文に分解することができ、そうすることで、この文の本当の論理構造が明らかになる。逆に言えば、このような分解を経ずに日常的な文だけを見ていると、その表現の曖昧さゆえに、私たちは論理構造を見誤りがちである――。

ラッセルの分析によれば、さきほどの文は次の三つの文の連言（文を「かつ」で繫いだもの）として理解できます。

「現在の日本の大統領であるような人物がいる」
「現在の日本の大統領であるような人物は、多くても一人である」
「現在の日本の大統領であるような人物は、だれでも女性である」

このように日本語で書いてしまうと、ラッセルのように英語で書く場合に比べて、何が解決したのかが分かりづらいでしょう。というのも、この分解によって定冠詞（the）を含まない――つまり確定記述を含まない――文のみが残ったことが見えにくいからです。

この事実がより分かりやすくなるよう、三つの文を私なりに書き換えてみます。日本語としてはちょっと不自然な文になりますが、この書き換えの狙いは明らかでしょう。

「現在の日本の大統領であるような何らかのもの（人間）が、少なくとも一つある」
「現在の日本の大統領であるような何らかのもの（人間）は、多くても一つである」
「現在の日本の大統領であるようなすべてのもの（人間）は、女性である」

これらの文はどれも、だれか特定の人物について語ってはいません。もともとの文「現在の日本の大統領は女性である」は、もし英語で書いたなら定冠詞（the）を用いて書かれるわけですが、しかし先述の分析によれば、この文は〈あの唯一の〉だれかについてなど語っていないことになるのです。これがラッセルの記述理論と呼ばれるものです。

この記述理論のもとでは、指示対象のない句は意味をもてるか、という例の問題は解消されます。さきほどの三つの文のうち、「現在の日本の大統領であるような何らかのもの（人間）が、少なくとも一つある」は単純に偽であり、そしてこの文の意味を理解するうえで、「現在の日本の大統領」の指示対象は必要ではありません。

この文が偽であるなら、「現在の日本の大統領であるような何らかのもの（人間）が、少なくとも一つある、ということはない」が真であるわけですが、これは論理的に、次のように書き換えられます。「すべてのもの（人間）のいずれも、現在の日本の大統領ではない」。このように変換すると、話題にのぼっているのは存在するすべてのものであって、「現在の日本の大統領」の指示対象が必要ないことはより明白でしょう。

やや専門的な補足をしておきます。ラッセルの前掲論文では、三つの文の連言ではなく、その連言と論理的に等しい（同値な）一つの文によって、記述理論が説明されています。さきほどの文をその形式で書くと、「何らかの存在xについて（xは現在の日本の大統領であり、かつ、xは女性であり、かつ、（何らかの存在yについて（yが現在の日本の大統領であるならyとxは同一である）はつねに真である））はつねに偽とは限らない」となります（本節では明快さのため、文献紹介で挙げたライカンの著書にならい、三つの文を用いた説明をしています）。

ここで興味深いのは、「多くても一つである」ことがxとyの同一性関係をもとに表現されていることです。他方、「少なくとも一つある」ことは、具体的な数の制限を受けずにただあることと同義ですから、私たちの見たあの三つの文は、「1」という数詞を含まない論理的表現に書き換えられます。この数詞の消失は、数学の論理学化を考えるうえでも興味深いものです。

†述語と量化

ラッセルの分析の素晴らしさは、フレーゲに由来する述語論理学の光のもとで真に明らかになります。確定記述句を含んだ文を、なぜあのように分解すべきなのか。分解された文のほうが、もとの文の論理構造をより正確に表していると言えるのはなぜなのか。この疑問への答えは、ひとことで言えば、述語論理学がきわめて強力だからというものになるでしょう。というのも、さきほどの文の書き換えは、日常言語を述語論理学の言語に翻訳したものと見なすことができ、それゆえ、述語論理学と同様の高い論理性や優れた体系性をもつからです（後述する多重量化の例などが参考になるでしょう）。

述語論理学の実態については文献紹介の本を見て頂くとして、ここでは、記述理論と密接に関わるそのエッセンスのみを解説しておきます。

まっさきに見ておくべきなのは、述語論理学が文を関数のように扱う点でしょう。関数とは、f(x)＝2x＋1のようなもので、変項であるxには任意の値を代入することができます。これと同様、「アインシュタインは男性である」という文は、「□は男性である」という関数の空欄部分——すなわち変項——に「アインシュタイン」を代入したものと見なせます。まず空欄付きの関数があり、後から「アインシュタインは男性である」という文ができあがった、と考えるのです。文が形成されるこの順序は、論理的に重要な意味をもってきます。

関数的分析に加え、述語論理学の骨子となるのは、存在するものの量の規定、すなわち量化と言われるものです。「すべての人は死ぬ」という文について考えてみましょう。この文は「□は死ぬ」の空欄部分にすべての人間が入ることを意味します。他方、「ある人は死ぬ」という文は、空欄部分にある人間が（少なくとも一人の人間が）入ることを意味します。量化の作業は基本的に、この「すべての〜」と「ある〜」の組み合わせによって実行されます。

「ある〜」のほうについては、次の点に注意してください。これは「ある特定の〜」の「ある」ではなく、「ある何らかの〜」の「ある」です（英語で言うなら、「the」ではなく「some」です）。ですから、さきほどの「ある人は死ぬ」という文をもっと自然に書き直すなら、「だれかは死ぬ」となるでしょう。

述語論理学では、関数と量化を組み合わせることで、過去の論理学に比べてより正確に、複雑な文を扱えるようになりました。とくに、別々の量化が重なっている文――たとえば「すべての人は、だれかと同郷である」のような文――は、述語論理学によって初めて、適切に分析できるようになったと言えます。こうした多重量化の文にとっては、関数的な文の形成の順序がきわめて本質的だからです。

「Aさんは、Bさんと同郷である」という文は、「Bさんは、Aさんと同郷である」に書き換えられますが、しかし、「すべての人は、だれかと同郷である」を「だれかは、すべての人と同郷である」に書き換えることはできません。「すべての人」や「だれか」を、「Aさん」や「Bさん」のような普通の名詞のように扱うことはできません。これはいったい、なぜでしょうか。

述語論理学ではその理由を、文形成の順序によって説明します。「すべての人は、だれかと同郷である」という文は、「□は□と同郷である」という関数から形成されたものですが、この二つの空欄のどちらを先に埋めるかが文の意味にとって決定的なのです。「すべての人は、だれかと同郷である」という文の形成は、まず、「□はだれかと同郷である」が形成され、次に、残された空欄に「すべての人」を入れるという順序で実行されます。分かりやすく書くとこの文は、「すべての人について（その各々は、だれかと同郷である）」という文なのです。

空欄を埋める順序を逆にして、「すべての人は□と同郷である」を先に形成するとどうなるでしょう。残された空欄に「だれか」を入れた文は、さきほどと同じ形式で書くと、「だれかについて（すべての人は、そのだれかと同郷である）」という文になります。つまり、すべての人と同郷であるような、たった一人のだれかがいるという文になるのです。これはちょうど最初に見た誤った書き換えの文であり、明らかにもとの文とは違う意味をもっています。

†一般名の消去

ところで、これまでの話には一つ不正確なところがありました。「□は死ぬ」の空欄に「すべての人間」や「ある人間」が入るかのように述べてきましたが、より正確に言うと、こうした空欄に入るのは「すべてのもの」や「あるもの」です。では「人間」はどこに行くのかというと、こうした一般名もまた、関数としての述語に置き換えられます。

ですから、「すべての人は死ぬ」という文は、「□は人間である」と「□は死ぬ」という二つの関数の組み合わせから成り、「すべてのものについて、□が人間であるならば□は死ぬ」という構造をもちます。もっと普通の言い方をすれば、「すべてのもののうち、そのどれについても、それが人間であるならば死ぬ」ということです。他方、「ある人は死ぬ」という文は、「あるものについて、□は人間であり、そして□は死ぬ」という構造をもちます。言い換えれば、「あるものが存在し、それは人間であり、なおかつ死ぬ」ということです。

いま見た二つの文のうち、すべてのものについての文が「〜ならば…」という条件文になっているのに対し、あるものについての文はそうなっていないことに注目してください。その一つの決定的な理由は、前者が何の存在も要請していないのに対し、後者は要請している点にあります。前者は、「すべてのもののなかに、もし人間であるようなものがいたならば、それは死ぬ」という関係性を述べており、そのようなものが存在するかどうかには言及していません。しかし後者では、何らかのあるものが（一つ以上）存在する、ということが話の出発点です。そして、そのあるものは、人間であるという性質と死ぬという性質の両方をもつわけです。

なお、空欄に入るものの領域が限定されている場合は、しばしば記述が簡略化されます。議論対象となる集合の領域を明記したうえで――たとえば、人間の集合だけを議論の領域としたうえで――、「すべてのものについて、□は死ぬ」「あるものについて、□は死ぬ」といった記述を行なうわけです。「□は死ぬ」の空欄に「すべての人間」や「ある人間」を入れられるかのような本講義での説明は、この簡略化を念頭に置いたものです。

†確定記述と固有名

ふたたび、ラッセルの分析に目を向けましょう。いまならあの分析が、確定記述を述語論理学の表現に書き換えたものだということがよく分かります。「現在の日本における〈あの唯一の〉大統領」の代わりに、「現在の日本の大統領であるような何らかのもの（人間）」と「現在の日本の大統領であるようなすべてのもの（人間）」について記述しているわけです。

ラッセルのこの分析は論文「表示について」で示されたものですが、その論文の冒頭では、ある一人のひと（a man）、あるひと（some man）、いずれかのひと（any man）、それぞれのひと（every man）、すべてのひと（all men）といった、表示句（denoting phrase）

が取り上げられています。そして、現在のイギリス王（the present King of England）のような確定記述句も、そうした表示句の一種として挙げられます。

表示句は概念的なものですが、何らかの事物を指しているように見えます。でも、たとえば、あるひと（some man）の指示対象とは何でしょう。それは明らかに、特定のどの人物のことでもありません。ラッセルは、表示句のこうしたふるまいに関し、述語論理学の枠組みで表示句を再解釈することで答えを与えようとしました。確定記述句についての先述の分析も、本来はそうした一連の作業のもとで理解すべきものです。

ですから、この講義での解説の順序は、全体として逆行していると言えます。私は、固有名から確定記述句へ、確定記述句から表示句へと話を進めてきましたが——そうすることで述語論理学の価値を強調したかったのですが——、ラッセル自身は、表示句からその一例としての確定記述句へ話を進め、その後の研究において、固有名の分析に向かいます。ここで私たちもこの本来の流れに合流し、確定記述句の分析を終えたラッセルが固有名をどう分析したのかを追うことにしましょう。

ラッセルは固有名についても、確定記述句と同様の問題が発生すると考えました。たとえば「浦島太郎」は固有名ですが、彼は仮想の人物であり、実際には存在しません。ですから指示対象説は「浦島太郎」の意味をうまく説明できません。ここには、「現在の日本の大統領」と同じ問題が生じています。「浦島太郎は存在しない」のような文を考えると、困難がより際立つでしょう。この文は意味をもっていますが、しかしそこで言われていることは、指示対象としての浦島太郎はまさに存在しない、ということです。

また、固有名の意味がその指示対象に尽きると考えるなら、二つの固有名についての同一性言明がたんなる同語反復になりかねません。たとえば「夏目漱石は夏目金之助である」という文が、「夏目漱石は夏目漱石である」という文と同じ意味になってしまうのです。しかし前者の文は明らかに、無内容な同語反復ではないでしょう。

ラッセルはこれらの問題に対し、次のように答えました――。固有名もまた、ただ一つの実在的対象を指し示す(そしてその指示対象を意味とする)表現ではない。固有名とは本当は、省略された確定記述である。つまり、さまざまな「〜であるようなもの」という記述を並べる代わりに、固有名を使っているにすぎない。

「浦島太郎」で考えるなら、この固有名は「いじめられている亀を助けた」「海のなかの竜宮城に行った」「乙姫から玉手箱をもらった」等々のさまざまな述語を満たす対象を指すように見えます。しかし、確定記述句「現在の日本の大統領」と同様、そのような対象が実在する必要はありません。浦島太郎についての文もまた、「すべての〜」と「ある何らかの〜」を用いた文の組み合わせに変換することができ、浦島太郎という〈あの唯一の〉人物についての記述を必要としないからです。

浦島太郎が満たすべき述語「いじめられている亀を助けた」「海のなかの竜宮城に行った」「乙姫から玉手箱をもらった」等々をひとまとめにした、「ウラシマる」という新しい述語を導入しましょう（のちほどこれを、クワインの導入した述語「ペガサスる」と比較することにします）。すると、「浦島太郎はB型である」という文は、「現在の日本の大統領は女性である」と同様、次の文の連言として理解することができます。

「ウラシマるような何らかのもの（人間）が、少なくとも一つある」
「ウラシマるような何らかのもの（人間）は、多くても一つである」
「ウラシマるようなすべてのもの（人間）は、B型である」

第一の文「ウラシマるような何らかのもの（人間）が、少なくとも一つある」は偽ですから、「浦島太郎はB型である」も偽です。ここには、指示対象をもたない表現がなぜ意味をもてるのかという問題は生じていません。抽象的概念「ウラシマる」がなぜ意味をもてるのかという、普遍者にかかわる問題は残されていますが、しかし別の言い方をすれば、普遍者の意味の問題のみが残され、個物の意味の問題は消滅しています。

また、「夏目漱石は夏目金之助である」と「夏目漱石は夏目漱石である」の違いについては、次のように説明されるでしょう。夏目漱石が満たすべき述語をまとめた「ソウセキる」という述語と、夏目金之助が満たすべき述語をまとめた「キンノスケる」という述語を導入するなら、「夏目漱石は夏目金之助である」は次の文の連言となります。

「ソウセキるような何らかのもの（人間）が、少なくとも一つある」
「ソウセキるような何らかのもの（人間）は、多くても一つである」
「ソウセキるようなすべてのもの（人間）は、キンノスケる」

このような分析を経るなら、「夏目漱石は夏目金之助である」が、たんに「AはAである」という同語反復の文でないことが分かります。そこには明らかに、伝達される価値のある情報が含まれているのです。

†変項と存在

クワインは論文「何があるのかについて」（一九四八）で、ラッセルに似た議論を展開しています。――固有名「ペガサス」は指示対象をもたないが、では、「ペガサスは存在しない」という文はどうして意味をもてるのか。ペガサスが本当に存在しないなら、この文はいったい何が存在しないと言っているのか――。

ここでクワインは、ペガサスであることを表すものとして「ペガサスる（pegasizes）」という述語を導入します。先述の「ウラシマる」との重要な違いは、「ペガサスる」はこれ以上分解不可能な述語であり、「翼をもっている」「馬の体をもっている」等々の述語の集まりではないということです。これはもちろん、浦島太郎とペガサスとのあり方の違いに由来するものではなく、ラッセル的分析とクワイン的分析の違いによるものです（浦島太郎についても「ペガサスる」のように分解不可能な述語を考えることは可能です）。

「ペガサス」は「ドラゴン」や「キリン」のような一般名ではなく、特定の対象のみを指す固有名ですが、「ペガサスる」の分解不可能性はこの特定性と結び付きます。つまり、ペガサスるものとはまさにペガサスそのものであり、それ以外の何ものでもないので、

「翼をもっている」「馬の体をもっている」等々の述語を満たすものとは同一視できません。あのペガサス以外にもこれらの述語を満たすものは存在するかもしれませんが、それはペガサスではない（すなわちペガサスらない）からです。

ペガサスをペガサスるものとすることで、「ペガサスは存在しない」という文の有意味性は救われます。ラッセルが確定記述句（そして固有名）に対して行なった、あの分析を適用すればよいからです。しかも「ペガサスる」の場合、固有名がどんな確定記述句の省略なのかを列挙する必要はなく、ただ、「ペガサスる」という分解不可能な述語一つで分析を完遂できます。

こうして、名前というものは固有名か一般名かを問わず、量化表現における述語に変換されます。そして、何が存在するのかに直接かかわる表現としては、「すべてのもの」と「あるもの」だけが残ります。「ペガサス」という名前があるからといって、それが指す何かが存在している必要はありません。この名前は「ペガサスる」という述語に変換され、「あるものについて、それはペガサスる」か「すべてのものについて、それはペガサスらない」かのどちらであるかが問われるだけです。

ここからクワインは、次の有名なフレーズを述べます。「存在するとは、変項の値になることだ」。ここで言う「変項の値」とは、この講義での表現で言うなら、量化表現を用いた文の――たとえば「すべてのものについて、□は死ぬ」などの――空欄に入れられるもののことです。存在するとは、何らかの名前で呼ばれることではなく、体積や質量をもつことでも見たり触ったりできることでもなく、こうした空欄に入りうることだというわけです。このように考えるなら、「あるものについて、□は5より大きく、□は9より小さく、そして□は素数である」が真であるなら、そのような何か――数の7という抽象的対象――は存在することになるでしょう。ここではもはや、対象が具体的であるか抽象的であるかは、その存在の是非にかかわっていません。

†宇宙の検索

ところで素朴な疑問ですが、量化表現を用いた文は何についての文なのでしょうか。丹治信春さんは解説書『クワイン　ホーリズムの哲学』で、量化表現は「存在するものの全体」すなわち「宇宙」を検索するような働きをもつ、という説明をしています。インターネットの検索エンジンを使ったことがあれば、この説明がより理解しやすいでしょう。インターネット上のすべてのページを検索できるエンジンを思い浮かべてください。「すべてのものについて、□は〜である」や「あるものについて、□は〜である」といった文はどちらも、このエンジンでの検索結果を述べたものとしてイメージできます。

この説明は妥当なもので、また、「ペガサスは存在しない」のような文が無意味にならない理由も簡明に教えてくれます。こうした文を量化表現に置き換えられるなら、それは存在するすべてのものについての文なのですから、当然、存在しないものについて何かを語っていることにはなりません。そのため、ペガサスが存在しないからといって、「ペガサスは存在しない」が無意味になることはないのです。

ただし私の理解では、この「検索」による説明は根本的な逆転を含んでいます。そして後述するように、この逆転こそが、「存在するとは、変項の値になることだ」というフレーズの核心に触れるものなのです。

量化表現がすべての存在を検索すると考えるとき、多くの人は、まずさまざまな存在があり、そこで検索が実行されるというイメージをもつでしょう。すると、どうして量化表現はそんな強力な働きをもつのかという疑問がわいてきます。すべての存在を検索するというのは、明らかに途方もない働きだからです。

でも、この疑問は本物の疑問ではありません。さきほどのフレーズの精神に基づけば、存在とはそもそも量化表現で検索されるもの（変項の値）のことであり、それ以外の存在などないからです。すべての存在は、量化表現の検索にたまたま引っ掛かってくるのではなく、むしろ、その検索に引っ掛かってくるものだけが存在です。原理的に、この検索に引っ掛かってこない存在はありません。強調して言えば、存在があってその後に量化表現があるのではなく、量化表現があってその後に存在があるのです。

第一回の講義で述べた、「言語が世界を開く」という着想がここにはたしかに現れています。すなわち、量化表現が世界を開くのです。クワイン自身は前掲論文の後半で、何があると私たちが語るか（認めるか）と、実際に何があるかとの違いに触れており、私たちが勝手に選んだ言語が世界のあり方を決めるとは考えていません。私たちがどんな言語を採用するかは科学とも密接にかかわっており、それゆえ、何があると私たちが語るかは、実際に何があるかについての科学的探究と一体だからです。しかしそれでも、「存在するとは、変項の値になることだ」との考えには、重要な言語論的転回が含まれています。量化表現から離れたところに「実際にあるもの」などはなく、また、言語と無関係な「実際にあるもの」の探究もありえないのです。

文脈原理と全体論

†語から文へ

関数とは、変項に値を代入すると値を出力するものです。f(x)＝2x＋1の変項xに2を代入すると5という値が得られるように。では文を関数と見なすとき、何らかの存在を変項に代入すると、どんな値が得られるのでしょうか。

その文が正しいかどうか、すなわち真か偽かが値として得られる、というのは妥当な考えです。たとえば「□は男性である」の変項（空欄）にアインシュタインを代入すると、真という値が得られるわけです。真と偽という、この二種類の値は、真理値と呼ばれています。

フレーゲは文一般を関数的に扱う道を拓《ひら》きましたが、これは同時に、真偽の問える種類の文だけを議論の対象とするものでした。つまり、「こんにちは」であるとか「しまった」のような真偽の問えない文は、考察から外されています。以降では、真偽を問える文のことを命題《めいだい》と呼ぶことにしましょう。それは文の一種ですから、実際に文字で書かれたり、声で発せられたりした具象的なものを念頭に置いてください（命題という言葉にはこれ以外の用法――命題を抽象的なものと見なし、具象的な文とは区別する用法――もありますが、本講義ではいま述べた用法に従います）。

フレーゲは著書『算術の基礎』（一八八四）で、自身の探究のかなめとなる三つの原則を挙げています。心理主義批判、文脈原理、概念と対象の区別、がその三つですが、このうち心理主義批判についてはすでに見ました（→講義2：心理主義批判）。概念と対象の区別は、これまでの講義の流れから言うと、命題の関数化にあたります。つまり、関数とその関数の変項の値とが、それぞれ、概念と対象に対応するのです。

いま注目したいのは、第二の原則である文脈原理です。文脈原理とは、命題に含まれる語の意味はその命題の意味への貢献によって決まるというものですが、具体的に考えてみましょう。「すべての人間は死ぬ」に含まれる「人間」の意味は、「人間」という語単独では決まらず、この語が「すべての人間は死ぬ」という命題の意味にどう貢献しているかによって決まります。では、その貢献とは何でしょうか。

それは、命題の真偽への貢献です。「人間」とは、「すべての人間は死ぬ」を真にするような役割をもつ語であり、そして他の命題にも目を向けるなら、たとえば「すべての人間は哺乳類である」を真にし、「すべての人間は笑わない」を偽にするような役割をもった語なのです。

以前私は、「すべて」「の」「人間」「は」「死ぬ」といった語はそれぞれ意味をもつのか、という問題を取り上げました。しかし、命題の真偽を中心とした文脈原理を採用するなら、これらの語がそれぞれ独立に意味をもつ必要はありません。また、独立した語の意味が組み合わさることで、命題の意味ができあがるわけでもありません。意味の基本単位は語ではなく命題であり、真偽の観点から命題を分解することで、初めて語の意味が現れてくるのです。

指示対象説をとる場合にも、同様に考えることができます。語の指示対象が組み合わさることで命題の指示対象ができあがるわけではなく、まず命題の指示対象があり、それを分解することで、語の指示対象が決まります。ただし文脈原理を念頭に置くなら、この言い方は不正確かもしれません。というのも、「命題の指示対象が分解されて語の指示対象になる」と言うよりは、「命題の意味を分解する——すなわち命題の真偽への貢献を見る——ことで得られた語の意味が、その語の指示対象というかたちで与えられる」と言ったほうが正確だからです。

フレーゲはこうした見地から、さらに、指示対象に尽きない言語の意味（彼の用法における「意義」など）の探究に向かうのですが、それについては別の解説書に譲りましょう。いまは、語ではなく命題を意味の基本単位とする発想が、分析哲学史の各所において果たした役割を見ていくことにします。

†命題と写像

『論理哲学論考』（一九二一）は、ウィトゲンシュタインが生前に刊行した唯一の哲学書です（現在はたくさんの遺稿が出ています）。通例にならい、今後はこの本を『論考』と呼びます。『論考』の文体はきわめて特殊で、番号付きの節から構成されています。その冒頭をちょっと見てみましょう（野矢茂樹訳、岩波文庫、一三頁）。

一　世界は成立していることがらの総体である。
一・一　世界は事実の総体であり、ものの総体ではない。
一・一一　世界は諸事実によって、そしてそれが事実のすべてであることによって、規定されている。
一・一二　なぜなら、事実の総体は、何が成立しているのかを規定すると同時に、何が成立していないのかをも規定するからである。
一・一三　論理空間の中にある諸事実、それが世界である。
一・二　世界は諸事実へと分解される。
一・二一　他のすべてのことの成立・不成立を変えることなく、あることが成立していることも、成立していないことも、ありうる。

ここまでが一で始まる番号の節で、この後に二番台の節が続きます。節ごとの番号は、それがどの節への注釈になっているかを示すもので、たとえば一・二一は一・二への一つ目の注釈です。以下、こうした断片的な節が、

七　語りえぬものについては、沈黙せねばならない。

まで続きます。

『論考』は薄い本ですが、この圧縮された文体と、扱われた問題の多様さにより、一筋縄での解説を許しません。いまは潔く、『論考』の全体像を見ることは断念し、ある一つの論点にのみ目を向けましょう。それはちょうど、さきほど読んだ『論考』の冒頭部分と関係しています。

一・一をもう一度見てください。「世界は事実の総体であり、ものの総体ではない」。ここで言う「事実」とは、真である命題によって表されるものであり、「もの」とは、命題に含まれる語（『論考』の表現では「名」）によって表されるものです。つまり、ここでも文は語に先立っており、しかもその先立ち方は、世界のあり方と一体化しています。語が集まって文ができるのではないように、ものが集まって事実ができるのではありません。語ではなく文が意味の起点となるように、ものではなく事実が存在の起点となるのです。

一　世界は成立していることがらの総体である。

この何気ない書き出しの意味が、次第に明らかになってきます。「成立していることがら」とは、一・一における「事実」です。では、成立していないことがらとは？　それは偽である命題――真であることが可能だが現実には偽である命題――によって表されるものです。すなわち、ことがらとは命題によって表されうるものであり、現実に成立していることがらを表すのが真なる命題、現実に成立していないことがらを表すのが偽なる命題、ということになります。ちなみに『論考』では、「表す」ではなく「写像する」という表現が、独特のニュアンスを込めて用いられています。

ちょっと聞いた限りではぴんと来ませんが、ここで主張されているのは実は途方もないことです。というのも、以上の話がもし真実なら、現実世界のあり方は言語のあり方とぴったり一致しており、しかも、命題を語（名）に分解できるのと同じ形式のもとで、事実はものに分解できることになるからです。いや、それだけではありません。世界にどのようなことが起こりうるかさえ、どのような命題が可能であるかと完全に同じ形式をもつことになります。

これは、「言語が世界を開く」という発想を「命題が世界を開く」という発想に置き換え、それを可能性の領域まで推し進めたものと言えるでしょう。世界が、その現実のあり方だけでなく可能性としてのあり方まで含めて、命題のあり方と一体なのはなぜか。それは、世界が命題によって写像されうるものとしてのみ存在するからです。より正確に言えば、命題によって写像しうることがらのみが、世界には起こりうるのです。

以上の議論が正しいとすれば、命題はたまたま、たとえば進化論的な洗練によって、世界をうまく描写するのではありません。そうではなく、そもそも世界は——その内部のことがらは——命題と同じ形式のもとでしか存在できないのです。哲学史にくわしい人向けに言えば、これはカント的な超越論哲学の一形態であり、それに基づく、文脈原理の存在論化です。

なぜこれが超越論的かと言えば、命題がことがらを写像するという現実を原初的な起点とし、このような現実が成り立つための条件を思考しているからです。ここでは、世界がどんなものに見えるかが経験的に述べられているのではなく、世界がどんなものでなければならないかが——世界成立の超越論的な条件が——述べられています。

命題がことがらを写像することは、私の生《せい》の現実であり、現実がすでにこうなっている以上、ことがらは命題と同じ形式をもたねばなりません。命題が語(名)に分解できるのであれば、ことがらもまた、同様の分解が可能でなければなりません。そして、これがまさに可能だからこそ、私はいくらでも新しい文を——新しい語の組み合わせを——、起こりうることがらの写像として使用できるのです。

†命題と検証

ウィトゲンシュタインがなぜこのように考えたかについては、『論考』自体を見て頂くほかありません。先述した彼の哲学的構想は、『論考』の他のさまざまな見解——たとえば、論理的な命題はトートロジー(後述)であるといった見解や、否定表現「〜ではない」は写像ではありえないといった見解——と連携し、巨大な一つの建造物を作り上げているからです。

しかし、いま見た箇所だけでも、命題を基本単位とする着想の射程の長さは伝わったでしょう。命題は真理値をもつ点であらゆる言語表現のなかでも特別であり、『論考』ではこの命題の真・偽が、ことがらの成立・不成立(現実であるかそうでないか)という存在論的な区別に対応しているわけです。文脈原理のこのような存在論化は、フレーゲの本来の考察からは飛躍しているものの、フレーゲの重要な洞察の一部をウィトゲンシュタインなりに継承したものだと言えます。

ところで、『論考』のこうした叙述もまた、ウィトゲンシュタイン本人の意図とは異なるかたちで、継承され変形されていくことになります。初回の講義で述べた、論理実証主義のことを覚えているでしょうか。論理実証主義者は、『論考』を人工言語学派の流れのもとで読み——つまり『論考』を日常言語ではなく理想的・論理的な人工言語について述べたものとして読み——、後述する経験的検証と結び付けました。今日では、そうした『論考』解釈は誤りであることが知られていますが、しかし、解釈の是非を離れても、ここには見るべき論点があります。

『論考』によれば、あらゆる命題は要素命題（原子的な命題）に分解されます。つまり、命題とはいくつかの要素命題を、連言「かつ」、選言「または」、否定「ではない」、条件法「ならば」などの論理的な語彙《ごい》で繋ぎ合わせたもの（そうでないとすれば要素命題そのもの）なのです。

論理実証主義者（とくに初期の）は、この要素命題を、直接的な経験によって検証されるものと考えました。たとえば、ある時間における私の視野のある空間的位置に赤色の光点がある、といった命題を考え、その真偽が、私の直接的な経験によって検証されると考えるわけです。「直接的」という表現は、恣意的に解釈された経験ではなく、ありのままに与えられた素材としての経験であることを意味しています。

ここから論理実証主義者は次の明快な主張を立てました。——直接的経験に対応する要素命題（彼らの表現では「プロトコル命題」）と、それらを論理的に繫ぎ合わせた命題だけが、有意味な言語表現であり、本物の科学的命題である。この意味での「科学的」命題以外の命題は、偽である以前に無意味である。この判定基準に従えば、哲学や疑似科学における多くの言説が実は無意味であることが分かる——。

この主張に従うと、真理は次の二種類に分けられます。すなわち「独身者は結婚していない」や「PかつQならばP」のように、言語的・論理的規則のみに基づく真理と、事実がどのようなものであるかの経験に基づく真理の二つです。

前者の真理は、「PかつQならばP」を見れば明らかなように、どんな事実が成り立っているか（成り立っていないか）にかかわりなく、つねに真ですから、経験的な検証を必要としません。たとえば「猫は宇宙人であり、かつ、8は奇数であるならば、猫は宇宙人である」も論理的にはつねに真なのです。

『論考』ではこの種の必然的真理をトートロジー（もともとの意味は「同語反復」）と呼び

ました。そして、論理学や数学の真理が必然性をもつのは、それを表す命題がトートロジーであり、事実について何も述べていないからだとされます。論理実証主義者はこの発想をさらに展開し、論理的・数学的真理の必然性は人間の取り決めに基づく、と考えました。つまり、論理学や数学とは、人為的に取り決めた規則に基づいて同じことを言い換える作業だというわけです（この場合、どうして自然界は数学的にできているのか――数学は人間の取り決めにすぎないのに――というのは、とても重要な問題提起です）。

他方、経験に基づく真理のほうは、要素命題の検証によって得られます。こちらは同語反復ではない、具体的内容をもった真理です。論理実証主義にとっての有意味な命題とは、検証可能な要素命題を論理的に繋ぎ合わせたものですから、結局、あらゆる有意味な命題は、その真偽が検証可能と見なされます。

ここから意味の検証理論と呼ばれる見解へは、ほんの一歩です。意味の検証理論によれば、命題の意味はイメージでも指示対象でもなく、その検証条件です。つまり、ある命題の真偽がどんな経験によって検証されるかを知っていることが、その命題の意味を知っていることなのです。このとき、真偽の検証が不可能な命題、たとえば「すべてのものの大きさが二倍になる」は、文法的にはどんなにまともに見えても、実は無意味な命題だとされます（なぜこの命題が検証不可能なのかは自分で考えてみてください）。

†科学と非科学の境界

論理実証主義の以上のテーゼを聞いて、そうした考えのもとで科学をやるのは当たり前じゃないか、実際、科学者はみんなそうやっているじゃないか、と思った人もいるかもしれません。しかし、それは誤りです。論理実証主義者はさきほどのテーゼをうまく具体化することが——たとえば要素命題の検証の具体的指針を述べることが——できませんでした。なぜなら、哲学者だけでなく科学者もまた、「みんなそうやっている」どころか、だれもそうやっていなかったからです。論理実証主義者の旗印は「科学的世界把握」でしたが、しかし彼らの判定基準に従うと、科学の現場にさえ科学的命題つまり有意味な命題は存在しなくなってしまいます。

単純かつ致命的な問題として、自然法則の記述によく現れる全称命題の扱いがあります。全称命題とは、「すべてのカラスは黒い」のように、ある性質をもったすべてのものについての命題ですが、一見して明らかな通り、こうした命題の真偽を直接的経験によって検証することはできません。すべてのカラスを観察することなど端的に不可能であり、たとえ、これまでに観察したカラスがすべて黒かったとしても、次に観察するカラス（まだ生まれていないカラスも含めて）がどうかは分からないからです。これでは全称命題はどれも、無意味な命題となってしまいます。

他方、すべてのカラスを観察することは無理でも、ある一羽のカラスを観察して、「あるカラスは黒い」を検証することはできそうです。しかし、この命題の否定である「すべてのカラスは黒くない」はどうでしょうか。こちらは全称命題ですから、有限回の観察によって検証することはできません。「あるカラスは黒い」のような有意味な命題の否定が無意味な命題になってしまうのでは、論理学の体系は大打撃を受けます。これも到底、容認できる結論ではありません。

さらに、傾向性の問題があります。傾向性とは、「砂糖は水に溶ける」のように、ある条件下でどのようなことが起こるかに関するものですが、この「溶ける」という傾向性は、実際に水に入れられた砂糖のみに認められるものではありません。水に入れられておらず、実際には溶けていない砂糖についても、それは水に溶けるという傾向性を――水溶性という性質を――もっています。自然科学のテキストにはこの種の表現があふれかえっていますから、論理実証主義者もまた傾向性の表現を有意味なものとする必要があります。

ところが、ある対象がどんな傾向性をもつのかを、その傾向性が現実化する前にじかに観察することはできません。ある対象に似た対象（同様の構造をもつ対象）がどれだけ水に溶けようと、その対象をまだ水に溶かしていないなら、その対象の水溶性は理論的にしか――直接的な経験を超えた仮説としてしか――承認することができないからです。ここには、全称命題の場合と似た困難があります。

こうした難点はまだまだあり、たとえばクワインは後述するように、より根本的な観点からの批判を試みました。かくして哲学史的には、論理実証主義は失敗した運動だとされています。

でも、この失敗はたんなる失敗ではありません。今日でもなお、この歴史的顚末《てんまつ》を知らない人々のなかには、さきほど見た論理実証主義のテーゼが「当たり前」であると考えている人もいるでしょう。そして、そのテーゼに似た観点から、科学的な言説と非科学的な言説を区別できると考えている人も多いでしょう。現在も、そしてこれからも、論理実証主義者の失敗は繰り返し思い出す価値のある失敗だと言えます。また当然のことながら、彼らの議論のすべてが失敗であったわけではなく、各論における優れたアイデアはその後の哲学に転用されました。

論理実証主義の失敗が歴史的事実として強調されるのには、二つの理由があるでしょう。第一に、強い党派性をもつ運動だったために、哲学外部での動向（たとえば中心人物の亡命や殺害）をも含めて、その衰退が革命の挫折として印象づけられたこと。第二に、論理実証主義者自身が「科学的」な叙述を志向したためか、彼らのテキストにはレトリックが少なく、欠陥が目に付きやすかったこと。テキストの反証可能性――間違っていることの証明可能性――の高さにおいて、彼らはまさに科学的だったと言えるかもしれません。

†文から理論へ

クワインは、論理実証主義の欠陥をさらに明確化していくことで、新たな哲学的見解を得ました。命題の検証可能性については、デュエム／クワイン・テーゼという名で知られている見解があります。これは、哲学者ピエール・デュエムが物理学的知識について述べた議論を、知識一般に拡張したものだと言えます（ただしクワインはデュエムとは独立にこの見解にたどり着いたようです）。

デュエム／クワイン・テーゼによれば、実験・観察によって検証されるのは、ある単独の命題ではなく、その命題を含む多数の命題のまとまり――すなわち理論――です。きわめて単純な観察のケース、たとえば自分の体温を測るケースを考えてみましょう。水銀式の体温計を脇に挿んで数分後、水銀が三七度の目盛を指したとします。この観察事実は、「私の体温が三七度である」という命題を単独で検証するものでしょうか。

そうではありません。私の体温が三七度であると言うには、この観察事実以外にもさまざまな事実が成り立っていなければなりません。まず、馬鹿馬鹿しく聞こえるでしょうが、この体温計が不良品であったり、私が目盛を見間違えていたりする可能性は除外されています。さらに、水銀が熱で膨張すること、その体積の膨張率が熱の上昇率と正比例していることなどの理論的前提も必要です。体温計で熱を測ることは、「私の体温が三七度である」という命題単独の真偽を検証するものではなく、「水銀は熱で膨張する」等々のさまざまな命題との連関のなかでこの命題の真偽を検証するものなのです。

最近では、わずか数秒で熱を測れる予測式の体温計が出回っていますが、これなどは、命題が単独で検証されないことをより強く実感させてくれるでしょう。予測式体温計は、わずかな時間における熱の上昇率をもとに、その後の熱の上昇率を予測して、体温を推定するものです。この体温計での測定結果が三七度であるとき、その結果は明らかに、「私の体温が三七度である」かどうかだけでなく、体温計内のコンピュータに組み込まれた予測理論――さまざまな命題のネットワーク――の精度に依存しています。

もう一つ、原子核の観察を例として挙げておきましょう。「霧箱」と呼ばれる装置を使うと原子核を観察することができますが、しかしこの装置を使っても、肉眼で物を見るようにして原子核が見えるわけではありません。実際には、原子核の飛行の跡と考えられる霧の乱れが見えるだけです。ちょうど、飛行機はまったく見えないけれど飛行機雲だけが見えるようなものです。

さて、この「飛行機雲」の観察をもとに原子核が存在すると言うには、さまざまな理論上の前提が不可欠です。たとえば、原子核の移動によって空気がイオン化することや、イオン化された空気に水が引き寄せられること、その水が「飛行機雲」を作り出すこと、これらをすべて認めない限り、原子核が存在するとは言えません。霧箱で原子核を観察するとき、これらの理論的前提はすべて、その観察を陰で支えています。科学哲学の分野ではこうした事態を「観察の理論負荷性」と呼びます。いっさいの理論負荷性がない、純粋な観察というものはありえません。

さて、いかなる観察も何らかの理論を前提にしており、その理論とは数多くの命題の集まりですから、どんなに個別的な実験・観察であっても、それは諸命題のネットワーク全体をいっぺんに検証するものとなります。たとえば、霧箱が正しく機能するための諸前提（空気のイオン化など）を命題P_1、P_2、P_3…と表すことにし、さらに「飛行機雲」が見えるという命題をX、原子核が存在するという命題をYと呼ぶことにしましょう。すると「飛行機雲」の観察から原子核の存在を導き出すとき、私たちはXだけでなく、XとP_1、P_2、P_3…のすべてからYを導いていることになります。

以上の洞察のもとに、クワインはこう考えました。何らかの実験・観察に基づき、より良い仮説を立てようとするとき、原理的には命題のネットワークのどこを改変してもかまわない――。というのも、実験・観察は単独の命題を検証するものではなく、命題のネットワーク全体を検証するものですから、さまざまな命題のどれを修正してつじつまを合わせるかは個々人の自由だからです。

既存の理論と不整合な観察データを前にして、ある人はデータの信憑性《しんぴょうせい》を疑うかもしれませんが、別の人はそのデータの正しさは疑わず、例外的事例についての仮説を補足するかもしれません。さらに別の人は、例外への補足をするかたちではなく、法則の一般性を維持できるようなかたちで、理論の中核を修正するかもしれません（地動説や相対性理論の確立がそうであったように）。

†全体論

論文「経験主義の二つのドグマ」（一九五一）において、クワインはその事情を比喩的にこう述べています。——いかなる知識や信念の体系も「周縁《しゅうえん》に沿ってのみ経験と接する人工の構築物」である。つまり科学全体は「境界条件が経験である力の場」のようなものであり、「周縁部での経験との衝突は、場の内部での再調整を引き起こす」。このとき、ある経験が場のなかの特定部分のみと結び付いていることはありません。なぜなら、経験による場の内部の再調整は、場全体のバランスが保たれる限り、多様な仕方でなされうるからです。これがクワインの全体論（ホーリズム）と呼ばれる見解です。

場のなかには、周辺部（周縁部）に近く、経験による修正を受けやすい知識もあれば、中心部に近く、めったに修正を受けない知識もあります。論理法則のように、けっして修正を受けない必然的真理に見えるものさえ、中心部には含まれています。しかし、この中心と周辺の関係はあくまで相対的なものであり、経験による修正を受けうるという意味では、場の内部の知識はどれも対等です。ただ、できる限り中心部には手をつけず——中心部に手をつけると場全体に大変革が生じるので——、周辺部の修正で済まそうとする私たち人間の「保守主義」によって、修正されやすさに多様な段階のある、知識体系の現状があるというわけです。

さてここで、論理実証主義のテーゼを再確認しましょう。論理実証主義によれば、有意味な命題つまり科学的命題は、検証によって真偽の定まる命題と、それらの命題の論理的結合から成るのでした。このテーゼを維持するためには、特定の観察に特定の命題が対応している必要があります。たとえば、霧箱による「飛行機雲」観察の成否が「原子核が存在する」という命題の真偽と対応していなければならないのです。

しかし、全体論によれば、そのような対応は不可能です。いかなる観察も、諸命題の集合全体を検証するものであり、何らかの単独の命題を検証するものではないからです。この点を見過ごし、命題単独での検証が可能であると考えたことが、論理実証主義者のドグマ（間違った思い込み）だとクワインは述べます。

クワインの指摘したもう一つのドグマは、分析的真理と総合的真理との区別です。こちらについては、「分析」「総合」というカント由来の用語の解説は省き——というのも、これらの用語のクワインの理解はカント本来のものと微妙にずれているので——、ドグマの要点のみを見ることにしましょう。

論理実証主義者が、観察に基づかない言語的・論理的真理と、観察に基づく事実的真理を区別したことを思い出してください。前者は「独身者は結婚していない」や「PかつQならばP」のような、言語的・論理的規則のみに基づく真理でした。こうした真理はトートロジーであり、経験的検証とは無関係な必然的真理です。部屋から一歩も外に出ず安楽椅子に腰かけたままでも、言語や論理を分析するだけで何がこの種の真理かは分かります。他方、事実的真理は経験によって初めて検証されるので、何が事実的真理かを知るには、実際に調査に出なければなりません。

クワインの言う「分析／総合」の区別は、いま見た、二種類の真理の区別に対応しています。この区別はドグマの産物であり、観察に基づかない言語的・論理的真理と、観察に基づく事実的真理を区別することは本当はできない、というのがクワインの主張です。この主張もまた、全体論を背景としています。知識体系という場の内部には、頻繁に修正される周辺部分と、滅多に修正されない中心部分があるものの、そこに原理的な区別はありません。つまり、絶対に修正されることのない中心部などはないのです。

ですから、言語的・論理的真理を、経験によってけっして修正されない必然的真理として、城壁のなかに置くことはできません。「PかつQならばP」のような、それを放棄することが不可能にさえ思える真理であっても、経験による修正の可能性を完全に免れることはないのです。たとえばクワインはそうした例として、量子力学をうまく扱うために、論理学の基礎的規則である排中律（PであるかPでないかのどちらかである、という規則）を放棄する事例を挙げています。

クワインのこうした議論は、論理実証主義の方法論を根底から批判するものです。要素命題はどう検証されるのか、といった批判をさらにさかのぼり、個別的検証が可能な要素命題の存在自体が疑われるからです。そして、要素命題を論理的に結合することで科学的命題を作ろうという、観察に基づく真理と観察に基づかない真理との合成作業も、これらの真理の区別そのものが拒否されることで、根拠を失ってしまいます。

†全体論の全面化

今回の講義では、語から文へ、そして文から理論――文の集まり――への推移を、分析哲学史のなかで見てきました。もちろん、以上の推移を経たからといって、今日、個別の語についての研究が無意味になるわけではありません。それぞれの語の使用に長けているからこそ、私たちは語を並べて文を作り、文を集めて理論を作ることができます。しかし、この作業上の順序関係に目を奪われ、語こそが言語の基本単位であり、文とは語の集積にすぎず、理論とは文の集積にすぎない、と考えるなら、それは誤りでしょう。とりわけ、個々の語の意味が集まって文の意味や理論の意味ができあがる、と考えることは重大な誤りです。そこでは、文脈原理や全体論における洞察が無視されています。

さて最後に、論文「二つのドグマ」について、ちょっとした補足をしておきます。「二つのドグマ」は大きな反響を呼ぶとともに、一刀両断的なその議論に多数の反論も寄せられました。なかでも批判が集まったのは、論理法則を含めたあらゆる命題が経験的修正の対象になるという、知識体系全体へと全面化された全体論の考えです。もしこれが正しいなら、私たちはそもそもどうやって、理論を改良していけばよいのでしょうか。というのも、修正前の理論と修正後の理論の良し悪しを比較するには、その両者を見渡すための論理が必要であり、この論理自体は修正の対象外であるべきだからです。

しかし、この批判は「二つのドグマ」の主張の核心を損なわないでしょう。さきほどの比喩の通り、知識体系という場には周辺に近い部分もあれば、中心に近い部分もあります。あらゆる知識は原理的な修正可能性において対等ですが、しかし、中心からの距離には多様性があります。つまり、私たちの「保守主義」のもとでの修正頻度には、明らかに多様性があるのです。

理論を改良するにあたり、いま事実、中心部にある知識を足場にして、周辺部の知識を修正しがちなのは自然なことです。足場となる傾向があるからこそ、それは中心部へとやって来たからです。だから、中心部の知識にあらかじめ特権的な必然性を与えてやる必要はありません。そして中心部に位置する知識がつねに同じものである必要もありません。地球の輪郭が変化すればその自転軸も移動するように、理論の輪郭が変化すれば、理論全体を滑らかに動かす中心軸の位置も移動します。このとき、「不動の中心軸がなければ、同じものを回転させることはできない」と言うのは馬鹿げているでしょう。理論は中心軸を移動させながらも、理論としての同一性を保つことができます。

論理法則の大半と、そして個別的な事例を論理法則に当てはめるやり方（→講義5：ルイス・キャロルのパラドックス）は、いま事実として、全知識体系の中心部にあります。ですから、それが――とりわけ後者の「当てはめるやり方」が――修正されるとはどのような事態かを私たちは理解できません。クワインの挙げた量子力学のための修正の事例も、従来の論理のごく一部に明示的な制限を加えたものであり、従来の論理の延長上で理解可能です。つまりこの事例は、知識の中心部から従来の論理が追放される状況を描いたものではありません。そんな状況は、私たちには想像さえできないのです。

にもかかわらず、中心部にあるこの従来の論理が修正されることはありうる――、これこそが全面的な全体論の帰結でしょう。それがどのような修正であり、新しい論理は過去の論理に比べてどのように優れているのかを、いま述べることはできません。しかし、この強固な想像不可能性こそが、従来の論理がいま全知識体系の中心部にあることを私たちに教えてくれるのです。

ここで興味深いのは、現時点で知識の中心部にある論理が、全体論の理解をも可能にするものだという点です。全体論に説得力を与える論理自体が、知識の中心部には含まれています。ではそこが、まさに全体論の論拠に沿って、修正を受けることはありうるのでしょうか。全体論そのものが全体論によって自己否定され、結果的に破綻《はたん》するとすれば、それはどのような事態でしょうか。

この問題への答えはこうです。それがどんな事態かは、そのときになれば分かる。しかし、そのときにならなければ、けっして分からない。だから本当は現時点でそれを「破綻」と呼ぶこともできない――。全面的な全体論とは、このような答えを答えとして認めるとき、初めて理解されるものです。全知識体系に中心部があることは、この「分からなさ」によってのみ知られるのであり、現時点から見て破綻だと分かるような破綻は、知識の中心部に関わる破綻ではありません。

残される問題は、どのような事態かが分からないのにそれが起こりうるとなぜ言えるのかですが、これについて私は説得的な応答を知りません（有効な応答があるとすれば、講義6で見る「原初的自然」の議論に深く関係したものとなるでしょう）。ただ一つだけ言っておきたいのは、ここでうまく応答できないからといって、全面的な全体論が論破されるわけではないということです。全面的全体論はそのとき、論破されるのではなく無視されます。そんなものは無視して、数多くのブロックへと小分けにされた知識をそのブロックごとに検証していくという、科学者たちの日常が戻って来ます。全体論はこのとき穏当化され、ブロック化される——各ブロックの内部でのみ成立する——わけです。

ですが、全面的全体論はまだ死んでいません。この冷淡な無視を可能にするものこそ全知識体系の中心の形成である（ブロックとブロックの切り分け方もまた、その中心に依存している）というのが、全面的全体論の真意だからです。もしこの見解を嘲笑するなら、ブロックの切り分け方の根拠、さらには、経験的修正を受けつけない必然的真理がなぜ存在しているのかについて、自分の答えを述べるべきでしょう。全面的全体論は、必然的真理が存在しているように「見える」理由を比喩的にではあれ語っており、そうした真理のために不可侵のブロックを設ける必要はないことを教えてくれるからです。

講義5

意味はどこに行ったか

†意味の使用説

『哲学探究』（以下『探究』）でウィトゲンシュタインは意味の使用説をとった、と言われることがあります。意味の使用説とは、言葉の意味が理解されていることを、その言葉の実際の使用（その場面や状況）に見て取るものです。たとえば、だれかが「ドライバー」と言い、私がドライバーをその人に手渡したとすると、この一連のやり取りこそが、「ドライバー」という言葉の意味理解だとされます。このとき私たちは、言葉をゲームの駒のように使って、ある共通の「言語ゲーム」をプレイしていることになります。言葉の意味を知っているとは、このゲームに参加できているということなのです。

ここで重要なのは、言葉と行動の間に位置する媒介物としての「意味」がもはや存在しないことです。私たちはしばしば、〈言葉の意味を正しく抽出し、その意味をもとに行動を返す〉という構図でコミュニケーションを考えますが、このような構図では、言葉と行動との媒介物が必要となります。これまで見てきた意味伝達についての諸説は、この媒介物が何かを答えることで、意味とは何かを説明するものでした。すなわち、心理的なイメージ、指示対象、そして検証条件、これらのものが媒介物の役目を果たしてきたのです。

そのため、これらの説にとっては、媒介物が媒介物としてうまく機能しているかが鍵となります。私たちはすでに、どれを媒介物にした場合も個別の問題が生じることを見ました。イメージはその私秘性ゆえに公共的な同一性を得ることができません。指示対象や検証条件の場合、個別の言語表現（命題）に関して何がそれにあたるのかを確定することが困難です。そこには抽象的概念の指示対象の問題や、あるいはデュエム／クワイン・テーゼの問題などがあります。

意味の使用説において、こうした問題は意外な解決を見せます。そこではもはや、同一性が保証されるべき、媒介物としての意味は存在しません。ですからこの使用説を、意味とは使用である、というフレーズのみで理解するのは誤解を招くでしょう。このような理解では、イメージや指示対象が位置していた場所に使用なるものを置き換えたように見えますが、そんな場所は存在しないということこそ使用説の眼目なのです。

では、使用説は意味をどう扱うのでしょうか。さきほど使用説を紹介した際に、私は意味ではなく意味の理解について述べました。使用説によれば、ある言葉の意味を理解することは、その言葉を用いた言語ゲームに参加することであり、そのゲームでのプレイの円滑さはそのまま、意味理解の円滑さとなります。意味という何らかのもの――具象物にせよ抽象物にせよ――を問題にするのではなく、意味を理解しているとはどのようなことかが問題にされているのです。

よって、言葉と行動とを結び付ける媒介物はもう必要とされません。言語ゲームにおいて言葉と行動は渾然《こんぜん》一体であり、どちらもゲームの駒（あるいは指し手）であると言えます。つまり、「ドライバー」と声を出すことも、それを聞いてドライバーを手渡すことも、言語ゲームにおけるプレイの一種であり、それはたとえば、サッカーの審判が笛を吹き、キーパーがボールを遠くに蹴るといったやり取りと、ゲームという点においては変わらないのです。

とはいえ、以上の説明だけでは、使用説の画期性は伝わらないでしょう。「使用説は何の答えにもなっていない」と思われたとしても、仕方のないことです。人々が意味とは何かを論じてきたのは、正確な言語の使用にとって意味こそが本質的だと考えたからでしょう。それなのに、意味を理解するとは言語を正しく使用することだ、なんて言われても、本末転倒ではないでしょうか。

先回りして言えば、「使用説は何の答えにもなっていない」ということが、使用説における最重要の答えです。ここでは答えがないということが唯一の答えであり、そして使用説とは、どうして答えが存在せず、また存在しなくてよいのかを明らかにしたものなのです。長らく保留してきた規則解釈の問題を見ることで、それを確認することにしましょう。

†規則と解釈

講義2で私は、〈ただ一つの規則だけを強制的に読み取らせるイメージなどない〉という『探究』での指摘を取り上げました（↓講義2：規則を読み取る）。この指摘はよく、イメージ説批判の文脈において紹介されますが、実際にはそれがイメージであるか否かにかかわらず、意味とは何らかのものであるという主張全般を揺るがす批判として読めます。その場合には最終的に、意味というものの存在自体が疑問視されることになるでしょう。

『探究』では先述の矢印の例のほかに、立方体の図や、坂をのぼっている老人の画といった例を用いて、解釈の不確定性が指摘されています。イメージから一定の解釈を取り出せないということは、イメージを意味の媒介物にしても言葉は正しく使えない——正しい使い方が定まらない——ということです。というのも、円滑な言語ゲームのためには、サッカーにおけるボールや笛の音のように、言葉や身体などの事物を規則的に使用しなければなりませんが、その規則性をどこから得るのかが問題だからです。こうして解釈の問題は、あるイメージから、あるいはある何らかの媒介物から、一定の規則を得ることはできるか、という次元へと移行していきます。

『探究』の一八五節では、こんな状況が描かれています。繰り返し2を足していくという課題を与えられた子どもが、「302, 304, 306…」と正しい計算をしていくのですが、答えが千を超えたところから「1004, 1008, 1012…」と計算を続けます。教師は間違いを指摘するため、「これまでと同じようにやりなさい」と言うわけですが、しかし子どもは、何を指摘されたのか分かりません。「自分はこれまでと同じようにやっている」。子どもはそう答えるのです。

千未満の計算での結果が子どもと教師とで一致していたという事実、あるいは「+2」

という算術の式、こうしたものをどんなに眺めても、「1004, 1008, 1012…」と計算すべきでない根拠は見つかりません。「302, 304, 306…」と「1004, 1008, 1012…」の両方が正しい答えとなるような規則はありえますし、子どもは「302, 304, 306…」の時点において、そうした規則に従っていた可能性があります。もちろん、そのような規則は私たちから見れば「＋2」と別の規則に見えるわけですが、あの子どもにとっての「＋2」はまさにそのような規則かもしれないのです。この場合、私たちにとっての「＋2」のほうこそ、子どもから見れば不自然で複雑な計算に見えるでしょう。

哲学者のネルソン・グッドマンによる次の話が参考になります。グッドマンは特定の色を指す言葉として、「グルー」「ブリーン」という言葉を創案しました。グルーとは、特定の時点t（たとえば二〇〇一年一月一日正午など）までに観察された緑色とそれ以降に観察された青色を指す言葉であり、ブリーンは反対に、時点tまでに観察された青色とそれ以降に観察された緑色を指す言葉です。

私たちにとって、これらの言葉は不自然で複雑に見えるでしょう。しかし「青」「緑」よりも「グルー」「ブリーン」を基本的な言葉として用いる人々を考えてみてください。彼らからすれば、「青」とは時点tまでに観察されたブリーンとそれ以降に観察されたグルーを指す言葉であり、「緑」とは時点tまでに観察されたグルーとそれ以降に観察されたブリーンを指す言葉となります。これらは彼らにとって、「不自然で複雑」な言葉だと言えます。つまり、自然さや単純さに直観的に訴えかけるだけでは、グルーやブリーンを批判することはできないのです。

†実践の一致

「＋2」の例に戻りましょう。子どもが自分の心を眺めても、「302, 304, 306…」という正しい計算をしていたときにのみ心の中にあり、「1004, 1008, 1012…」という間違った計算をしているときには心から消えていた、何らかの特殊な経験といったものは見つかりません。むしろ、そうした内面観察の結果、どちらの場合でも同一の経験が生じていたと子どもが言う可能性は大いにあります。たとえば子どもは計算のたびに、心の中で「＋2」とつぶやいていたかもしれません。しかしこの音声イメージは、「1004, 1008, 1012…」ではなく「1002, 1004, 1006…」と答えるべき理由を何も提供しないのです。

「そうはいっても、実際に人々の答えは一致するじゃないか。人々はみな、1000＋2は1004ではなく1002だと答えるじゃないか」。たしかに人々はそう答えます。人々は「＋

2」という規則に同じように従うことができます。それは、なぜでしょうか。『探究』から読み取れる答えは、事実そうだから、というものでしょう。人々の答えは事実一致するのですが、その事実を支えるもの、たとえば共通した規則把握の機構は存在しません。そして規則というものは、このような一致が成立しているという事実を後追いするかたちで初めて、その存在が示されるものなのです。

さきほどの、間違った答えを出す子どもは、教師によって教育されるでしょう。そして1000＋2＝1002と答えるような習慣づけがなされるでしょう。ただし、この教育がうまくいくのは、子どもが教師と共通の規則把握の機構を手に入れたからではありません。この一致もまた究極的には、偶然のたまものと言わざるをえません。千以降の計算について子どもが一致するようになったとしても、二千を超えたところからまた不一致が生じるかもしれず、教育のある段階で「もう不一致は生じない」と信じることに、合理的な根拠はないのです。

そしてそもそも、こうした教育が可能であるのは、そこで教えられている以外のさまざまな実践において、子どもと教師とがすでに一致しているからです。『探究』での私の好きな例を援用しましょう。幼児にものの名前を教えるとき、私たちは対象を指差しますが、このとき、手首から指の方向に目を向けるべきだということをどうやって幼児は知るのでしょうか。もしその幼児がいつも指から手首の方向を見ようとするなら、どのようにして「指差し」の正しい解釈を教えればよいのでしょうか。幼児への原初的な教育においてさえ、幼児と私たちの実践は多くの一致を必要とするのです。

さて、千以降の計算について子どもと教師が一致しえた場合、両者の脳内には共通の計算処理回路ができたに違いない、と考える人もいるかもしれません。しかし、そうした回路に類するものが仮に脳内に見つかったとしても、それはいま求められている答えとは別のものです。たとえば、脳の特定の部位が「＋2」を正しく計算したときにのみ活性化することが分かったとしても、そのような実験・観察は、「＋2」の正しい適用とは何かを教えてはくれません。むしろ、「＋2」の正しい規則適用が実践の一致によってなぜか支えられていてこそ、その一致を土台にして、先述の実験・観察は可能になるのです。そうでないなら、どうやって「正しく計算したとき」を見分けるのでしょうか。

使用説が「何の答えにもなっていない」のは、答えが存在しないからです。われわれの生活はなぜか、自分と他人の間でも、あるいは、過去の自分と今の自分の間でも、共通した言語ゲームに則っており、そこでのさまざまな実践の一致が、規則を、そして意味を支えます。規則や意味の同一性が実践の一致をもたらすのではなく、無根拠な実践の一致が規則や意味の同一性をもたらすのです。

我々の誤りは、我々が事実を「原現象」として見なくてはならないところで、即ち、我々が、かかる言語ゲームが行なわれている、と言うべきところで、説明を求めるという事である。(『探究』六五四節、黒崎宏訳、産業図書、三四四―三四五頁)

†像と、像の像

ところで、ウィトゲンシュタインによるイメージ説批判では、イメージが二重の側面をもっています。それは、イメージの私秘的側面と、イメージの像的側面です。前者についてはすでに述べましたので、いまは後者について考えましょう。イメージの像的側面とは、それが何らかのものの像であるということです。像が像であるためには、それは何らかのものの像として解釈されねばなりません。リンゴの画はリンゴの像として、日本の地図は日本の像として、解釈される必要があるのです。

ウィトゲンシュタインのイメージ説批判では、イメージが心の中から外に出されます。

たとえば、「赤」という語を聞いて想像される赤色のイメージは、赤の色見本や赤い紙切れといった、想像物ではない実在物としての像に置き換えられます。こうした像からも無数の解釈が引き出されうるのは矢印の例と同様ですが、ちょっと考えてみたいのは、ここでのイメージがすでに私秘性を失い、その像的側面だけが問題になっている点です。

規則解釈の議論において、イメージの像的側面が強調されるのは自然なことでしょう。というのも、像は特定のものの像として解釈されることを規範的に求めるので、そこには必ず、規則の解釈が絡んでくるからです。リンゴの画は見ようによってさまざまなものの像に見えますが、それはリンゴの像として見られなければなりません。しかしリンゴの画そのものに、そのような解釈を強制する力はありません。それゆえリンゴの画を「リンゴ」という言葉の意味と見なすことはできないのです。『探究』での、矢印、立方体の図、坂をのぼる老人の画といった映像的かつ公共的な像の例はどれも、映像は何かの像として見られねばならないという、イメージの像的側面を強調するものです。

ここで、何らかの実在物の像と、その像の像とを区別しておく必要があるでしょう。私の目に見えているリンゴは、リンゴという実在物の像ですが、そのリンゴを描いた画は実在物の像の像です。前者は私秘的な像であるのに対し、後者はだれにでも観察できる公共的な像だと言えます（リンゴの画を私が見たなら、見えているのは私秘的な像ですが、しかしそれは像の像の像です）。

ウィトゲンシュタインは意味の問題を考えるうえで、実在物の私秘的な像についても、公共性をもった実在物の像の像と、事情は変わらないと考えています。『探究』の前史となる『青色本』（一九五八）から引用しておきましょう（大森荘蔵訳、ちくま学芸文庫、一四一五頁、［　］内訳者）。

赤の斑点を想像することを、赤い紙切れを見ることで置き換えてもいいではないか。［違いは］目で見る［赤紙の］像《イメージ》の方がずっと生き生きしていようだけのことである。

我々の目的にとっては、想像の過程《プロセス》をすべて、物を目で見る過程、絵や図を描くこと、または模型を作ること、で置き換えるのは一向に差支えない。また、内語を声を出して喋ることや書くことで置き換えるのも。

実在物の像も何らかのものの像ですから、特定の解釈を要請します。実際に目に見えたリンゴの像も、ほかのものの像に見えうるわけですが——だからこそ、見間違うということがありうるのですが——、しかしそれはリンゴの像として見られなければなりません。とはいえ、視野に現れた像そのものは、そのような解釈を強制できないのです。

†像の公共化

以上の議論で私たちは、像あるいはイメージという概念を、実在物の像と、実在物の像の像の両方に適用しています。実際に見たリンゴの像が実在物の像であるのに対し、そのリンゴを画に描いたものは実在物の像の像です。リンゴの画は、リンゴそのものではなく、リンゴの実在物の像をまねて描かれるほかありません。写真のような工学的像についても、それは同じです。カメラはもちろん実在物の像に似た像を作ろうと意図してはいませんが（カメラは実在物の像を知りません）、しかしカメラとは、私たちから見て実在物の像に似た像を作る機械として設計されたものなのです。

それゆえ、規則解釈についてのウィトゲンシュタインの議論は次の二方向に展開できます。何かを見たり、聞いたり、触れたりする、私秘的な経験のすべては、実在物の像としての側面において、規則解釈の問題に巻き込まれる。そうした経験と何らかの言葉を規則的に結び付けようとしても——たとえば、いま見えているのは「リンゴ」だと言おうとしても——そこにはつねに、正しい規則からの逸脱の可能性がある。

もう一つの展開の方向は、像の像の規則解釈の問題は、多重性をもつというものです。多様な解釈の生じうる源泉が、実在物／像の間と、像／像の間の二箇所にあり、そのどちらにおいて議論がなされているのか、注意していないとすぐに分からなくなります。たとえば、矢印の解釈の話をするとき、哲学教師は黒板に矢印の画を描いて、「この画はいろいろなふうに解釈できますね」などと言ったりするでしょう。でも、「この画」とは何のことでしょうか。その教師はなぜ、その画がどの生徒にとっても、多様な解釈を許すような像であることを信じているのでしょうか。

このとき教師は、実在物／像の間の解釈の揺れを考慮していません。つまり、黒板上に付着したチョークの塊が、だれにでも同様の像として見えていることを前提にしているのです。こうして、各人の私秘的な像を公共化した後で、その公共的な像が何の像になっているかの解釈が一つに定まらないことを論じていきます。ある人はそのチョークによる像を「右に進め」という命令の像として解釈するかもしれないが、別の人は同じ像を倒れた傘の像として解釈するかもしれない、というように。

規則解釈の問題提起はイメージ説批判の決定打である、という評価は間違いではないでしょうが、いま述べた事柄を考慮に入れると、少し奇妙な感じもします。イメージ説におけるイメージはもともと各人の私秘的な像として理解されており、だからこそフレーゲの心理主義批判のように、像の公共的同一性を確保できないことが重大な問題となっていました。他方、何らかの像の像について、規則解釈の問題を像／像の間に見出すとき、この私秘性の問題はひとまず無視されています。しかし、私秘性を「ひとまず無視」することなんてできるのでしょうか。私秘的でない像はすでにして、イメージ説におけるイメージとは別ものであるはずです。

さきほど、黒板に描かれた矢印の話をしたとき、どの生徒も同様の私秘的な像をもっていることが前提にされている、と言いました。でも、これは本当に有意味な前提でしょうか。各人が同じ像をもっており、にもかかわらず、その像は多様なものの像として再解釈されうる？　教師はなぜそんな話を生徒に向かってできるのでしょう。この話は本来なら、教師の自問自答であるべきなのかもしれません。生徒にこの話をするとき、二段階の像のうちの一方は公共的に固定されている必要がありますが、そのような固定が可能だと考えること自体、この話の狙い――像の解釈の不確定性――に反しているのです。

より興味深いのは、自問自答で考えるときでさえ、狙いに部分的に反するかたちでしか、この話はできないのではないかという疑いです。つまり、私的経験の内部においても、ある像をまず像としての同一性をもったものとして固定してからでないと（そうして解釈の多様性がない段階を確保しないと）、同一の「それ」から多様な解釈が引き出されうる、という可能性を考慮できないのではないかということです。

私見では、『探究』の規則解釈論の後に位置する私的言語論――話し手の直接的で私秘的な経験を指示する言語についての議論――において、ウィトゲンシュタインはこれを論じていると思います。哲学者のソール・クリプキは、規則解釈論と私的言語論の間に独自の架橋をしたことで知られていますが――『ウィトゲンシュタインのパラドックス』（一九八二）――、いま私たちの前にあるのは、クリプキのものとはまた別の架橋の可能性だと言えます。

†像を超えて

『探究』でのイメージ説批判において、イメージが公共化されることを見てきたわけですが、この公共化はさらに進みます。私秘的な像が公共的な像に置き換えられるだけでなく、像以外の公共的事物についても、規則解釈の問題が述べられるのです。

さきほど見た「＋2」の例は、まさにその一つです。あの例では、過去の計算結果の一致は完全に公共化された事実とされています。子どもが千未満の数の計算に関して、人々と一致する答えを出してきたという事実、この事実はだれにとっても公共的に同一であり、この事実それ自体についての解釈の揺れは考慮されません。そもそもここでは、事実の像からある事実を読み取るという解釈過程自体——たとえば、子どものノートに書かれた「300, 302, 304…」という線画を、数字の像として解釈するといった過程——が考慮されておらず、事実は事実として確保されています。

「＋2」の解釈の不確定性は、この公共的な過去の事実から次の「＋2」の計算をどう実践すべきかは定まらない、というかたちで提出されます。これまで「＋2」の計算結果が一致してきたという事実があっても、1000＋2という新たな問題について1002と答えるべき根拠はない——これまでと同じように計算をして1004と答えることもありうる——というわけです。

ここでは、像からではなく事実から特定の規則を取り出せるかが問題とされています。すでに論点は、イメージ説の批判にはありません。イメージであろうが事実であろうが、規則の供給源になりそうな何ものも、一定の規則解釈のみを強制することはできないのではないか？　規則解釈の問題は、このように一般化されるのです。

そうした一般化がなされたとき、指示対象説もまた同様の問題から逃れることはできません。「東京タワー」の意味は東京タワーそのものだ、と言ったところで、「東京タワー」の使用について特定の規則が与えられるわけではありません。

検証理論に関しても、検証条件は何らかの規則として記述されざるをえないのですから、「＋2」の例と類比できることは明らかです。たとえば、命題Pの真偽を「視野の特定の位置に赤色の光点がある」といった経験の有無によって検証する場合、次の新たな経験にこの検証規則をどのように適用すべきかは、過去の検証結果を見ようが、あるいは、検証規則をどんなに注視しようが、「＋2」の例と同様、定まりません。

規則解釈の不確定性の議論は、イメージ説のみではなく、指示対象説や検証理論を含めた、意味とは何らかのもの（媒介物）であるという図式自体を否定するものです。そのように理解するのでなければ、規則解釈の議論はごく浅薄なもの、たとえば、像ならではの見間違えの可能性のみを訴えたものとして理解されかねません。そのように理解されるなら、規則解釈の議論はまるでデカルト風の認識論的懐疑の一種に見えてくるでしょう。つまり、どの像もそれだけでは何の像か定まらないという議論が、現在の私の知覚経験のすべては実在物の像ではないかもしれない――それらはすべて夢かもしれない――との議論に置き換えられうるということです。

こうした認識論的懐疑はそれ自体興味深いものですが、しかし規則解釈の議論は違った角度から捉えられるべきでしょう。先述のデカルト的懐疑においては、ある言葉が定まった意味をもつことは懐疑されておらず、言葉の使用規則が一定であることも自明視されています。たとえば「いま私は電話機を見ているが、この経験は夢であり、あの電話機は実在しないかもしれない」と疑うとき、「電話機」という言葉が定まった意味をもつこと、一定の規則のもとで使われていることは疑われていないのです。

†ルイス・キャロルのパラドックス

私たちはいま、説明という営みの一つの限界を見ました。言語ゲームを背後で支える、さらなる説明は存在しません。もちろん教育や訓練は、実践の一致を強化します。こうして慣習というものが成り立ちます。しかし、そうした教育や訓練も、けっして意図的に教えられることのない、そもそもそれを教えるとはいかなることか分からないような、無数の実践の一致がすでにあることで、初めて可能になるのです。

たとえば、ルイス・キャロルのパラドックスと言われるものを見ましょう。前提として「PであるならばQである」と「Pである」が真であるとき、そこから「Qである」と推論するのはごく自然なことでしょう（自然すぎて、推論に見えないかもしれません）。ところがこの推論に対し、こう言われたとしたらどうでしょうか。――「PであるならばQである」と「Pである」がともに真でも、そこから「Qである」とは言えない。そう言うためには、「（PであるならばQである）かつ（Pである）ならば、Qである」という、追加の規則が必要である――。

なるほど、たしかにこの規則がなければ、「Qである」との推論には飛躍があります。前提として与えられていない規則を使っているからです。では、さきほどの追加の規則を承認すればどうでしょうか。これで問題は解決するでしょうか。

残念ながら、解決はしません。その場合でもなお、「（PであるならばQである）かつ（Pである）かつ（（PであるならばQである）かつ（Pである）ならば、Qである」という追加規則が必要になるからです。これは詭弁《きべん》ではありません。もしも論理的な推論が、明文化された規則と前提のみでなされるべきなら、先述の追加規則は必要なのです。そして、このことを理解した方には明らかですが、こうした新たな規則の追加は永久に終わることがありません。どの追加規則についても、その規則自体を前提部分に含めた追加規則が新たに必要だからです。

以上は、実践の一致の説明に「底」があることの一例です。私たちはみな、「Pであるならば Q である」と「Pである」からごく自然に、規則の解釈などいっさい考慮せず、「Qである」と推論するでしょう。これは人間の自然な反応における一致であり、この意味での自然は、自然科学における自然よりも原初的なものです。自然科学の営みもまた、この原初的自然における無根拠な一致によって支えられており、この次元での一致を、科学的自然における何らかの一致によって説明することはできません。

†自然と自然科学

しかし、言葉の意味の探究が「底」にたどり着いてしまったのなら、私たちは哲学的思考における一種の袋小路にいるのではないでしょうか。ウィトゲンシュタインがしばしば表明した信念は、哲学的問いは言語への誤解から生まれる、というものでした。「意味とは何か」という問いもまた誤解の産物にすぎないなら、私たちはただ、実際の言語ゲームがどのようなものかを観察し、それを正確に記述するだけで満足しなければならないのかもしれません。

そうした観察記録にも、知的な価値はたしかにあります。『探究』にも部分的にそれに類する叙述がありますし、また、初回の講義で紹介した日常言語学派の著作の中にも、やはり部分的にそうしたものがあります。とはいえ、本当にこの場所に踏み留まる哲学者はわずかでしょう。言語ゲームが仮に「底」であるとしても、そのことを語る言語ゲームは「底」の下の原初的自然を照らします。「底」にあるもの――日常の言語ゲーム――をただ記録しただけでは、それが「底」であることは示されないのです。

自然としての人間を記録するうえで、気がかりな点が二つあります。第一に、そのような記録作業は言語学や心理学とどう違うのか、ということ。哲学者はもはや哲学をやめて、言語学者や心理学者に鞍替《くらが》えすべきなのでしょうか。第二に、より本質的な問題として、そのような記録をするための言語を私たちは所有しているのかということ。ルイス・キャロルのパラドックスを見れば顕著なように、人間にとって真に原初的な自然は、それを写すための言語をもちません。そのような言語がないということが、使用説が「答えなき答え」であることの意味であり、言語ゲームの根底性を示すものだからです。

ウィトゲンシュタインならば、ここに「本質的な問題」を見出すことこそ、危険な錯覚への一歩だと言うでしょう。しかし、そのような一歩が可能であることを初めて示したのは、ほかならぬウィトゲンシュタインであり、彼自身、死の直前まで、「底」の下にある自然を見ずにはおれませんでした。たとえば晩年の著作『確実性の問題』（一九六九）における考察を、言語ゲームのたんなる記録として読むことはできません。そこで決定的な役割を果たす「蝶番《ちょうつがい》」や「河床」といった表現は、原初的自然の比喩として読まれるべきものです（↓講義6：科学の哲学化）。

ところで、ウィトゲンシュタインの自然への接近と、前回見たクワインの議論とは、どのような関係にあるのでしょうか。クワインの議論が正しいとすれば、言語的真理と経験的真理の区別が捨てられることで、たとえ分析哲学者であっても、言語のみの分析に安住することはためらわれるでしょう。全体論的な知識の中核に自然科学の知識があるなら、そのためらいは倍加されます。哲学的な思考にも、自然科学が不可欠となるからです。かくしてクワインは、哲学の自然科学化を予見します。たとえば、デカルト以来、主要な哲学的問題であった認識論（人間はどのようにして、どのような知識を得るのか）は、心理学の一章になると言われます。

現代哲学におけるこうした傾向は、「自然化」や「自然主義」と称されています。そこで言う「自然」はあくまでも自然科学を念頭に置いたものであり、言語ゲームにおける原初的な自然とは、すでに指摘した通り、区別されるべきでしょう。しかし、この両者がともに「自然」と呼ばれるのは、けっして偶然ではありません。そして、それぞれの自然への接近が、ある意味で哲学を終わらせるかのように見えることも。次回の講義では、これらの自然と哲学との関係を考えてみることにします。

講義6　二つの自然と、意味の貨幣

†言語流通の場

今回の講義では、前回積み残した問題について手探りで考えてみます。「手探りで」というのは、哲学史を解説するかたちではなしに、私個人の考察を少し述べてみたいということです。

ところで、哲学の講義ではたとえ哲学史の講義であっても、教師はときおり自分自身が考えている姿を見せることが望ましいと思います。それも、見事に問題を解く姿より、問題に絡め取られて試行錯誤している姿を、です。そのことによって生徒は、哲学史を学ぶことと哲学をすることがどう交わるのかを目の当たりにできます。

前回積み残した問題はこうでした。言語ゲームにおける原初的な自然と、哲学の自然科学化における自然が、ともに「自然」と呼ばれるのはなぜか。また、二つの自然への接近は、分析哲学にどのような変化を――あるいは終焉《しゅうえん》を――もたらすのか。

これらの問題に、表面的に答えることは簡単です。二つの自然がともに「自然」と呼ばれるのは、いずれもが、実際に言語が流通する場としての自然世界に関連し、人間の人為的な営み――たとえば言葉の使用法の約束――に先立つ自然性をもっているからです。また、それぞれの自然への接近は、ウィトゲンシュタインが述べたような〈錯覚としての哲学〉から人々を脱出させるか、あるいは、自然科学と連続的な研究手法を哲学者に要求するでしょう。

しかし本当に厄介なのは、「実際に言語が流通する場」とは何か、それはいったいどこにあるのか、です。そのような場を自然科学にとっての自然と見なすなら、言語の流通は、科学研究の対象となる世界で行なわれていることになります。すなわち、その流通は科学的自然において成立するのです。他方、原初的自然こそが流通の場であるなら、その場が成立するための諸概念を列挙することは困難でしょう。いかなる概念を持ち出したとしても、その概念の言語ゲームを支える自然を、その概念によって説明はできないからです。

科学的自然と原初的自然。私はこれから、少し回り道をしつつ、この二つの自然が渾然一体であることを論じていきます。もしその議論が正しければ、科学的自然と切り離された原初的自然は自然と呼ぶに値せず、原初的自然と切り離された科学的自然もまた同様でしょう。言い換えるなら、科学的自然も原初的自然も本来は存在せず、それらが分離される以前の、一つの自然だけが存在することになるでしょう。

†私秘的言語観

分析哲学の歴史は、言語が私秘的な心から追い出され、公共的で自律的な機構と見なされていく過程でもありました。ところでこうした公共化への志向は、それ以前の、私秘的な言語への見方をいったん経由してからでなければ、本当には共感できないかもしれません。私秘的な言語観には、数百年にわたって人々を惹きつけるだけの魅力があり、その魅力は今日もなお完全には消えていないのです。

いまから読み上げるのは、講義2の後で私が書いたメモです。私はよく講義中に、講義内容と正反対の視点からあれこれ考えているのですが、このメモも講義2と対照的な言語観を表すものになっています。

――哲学の論文を書いたり、議論で発言したりするのは、たしかに他人に向けての行為だ。言語の意味に客観性がないなら、そんな行為はできそうにない。だから、言語の意味は主観的であり他人とは共有できないという考えを、論文や議論を通じて、他人に伝えるのは無意味だろう。でも、それにもかかわらず、この考えが正しいことはありうるのではないか。そして、ほかならぬ自分だけはその考えの意味を理解していることが。

というのも、経験の内容をありのままに見るなら、世界はまさにそのようなものに見える。言語の意味を他人が理解している、なんていう経験はどこにもない。経験可能なのは、私が言語の意味を理解した――そう思った――ときに特有の心理状態になることや、他人が、私が使うのにとてもよく似た言語の表象（声や筆記）を使っていることだけだ。

机の上にリンゴがあり、私を含めた一〇人がそれを見ている。このとき私たちは、目の前のリンゴについて「リンゴ」という言葉を使って話し合える。頼んでリンゴを取ってもらうこともできる。でも、忘れてはならないのは、リンゴという同一の対象を一〇人が見ている、なんて経験は、どこにもまったくないという事実だ。あるのは、私がリンゴを見ているという経験と、リンゴに目を向けたり「リンゴ」と声を出したりしている九人の人間を、私が見ているという経験だけである。

本当はこうした経験しかないのに、同一対象としてのリンゴを一〇人が見ていると言うのは、そして、一〇人は「リンゴ」という言葉でその同一対象を意味していると言うのは、肝心な問題をごまかしている。経験したこともない場所にあらかじめ客観的な同一対象を用意して、そこから意味の客観性を得るのは、それこそ過激なプラトニズムではないのか。これに比べれば、数学的対象のプラトニズムなど、かわいいものかもしれない。

二〇世紀の哲学史では、心理主義的な意味の理論が論駁《ろんばく》され、客観的な意味の理論が主導権を握った。でもこの論駁が、哲学や科学における思考は他人に伝わるものでなければならない、という前提のもとでなされているなら、これは結論の先取りだろう。そして、そうした論駁は、過去の多くの哲学者たちが心理主義的にならざるをえなかった理由に、あまりにも鈍感であるように見える——。

†意味の両替場

さて、このメモを読み上げたのは、私秘的な言語観が正しいと言いたいからではありません。私個人としては、私秘的な言語観にも見るべき価値がある――その多くが今日忘れられている――と思いますが、いま考えてみたいのは、このメモでの考察において「意味の両替場」がどこにあるのか、です。

この考察には、多種多様な〈リンゴ〉が登場しています。つまり、目に見える像としてのリンゴ、他人の発する「リンゴ」という声、私の内語（心の中での独り言）としての「リンゴ」、そして物理的な対象としてのリンゴです。これらの〈リンゴ〉はどれもまったく似ていませんが、しかし私はこれらの〈リンゴ〉をすべて同じ〈リンゴ〉として解釈しています。言い換えるなら、ある映像や音声や物体をすべて、同じ〈リンゴ〉として「両替して」いるのです。

千円紙幣一枚と百円玉十枚はまったく似ていないのに、同じ〈千円〉として両替されます。千円紙幣一枚も百円玉十枚も、千円そのものではありません。千円そのものは、貨幣のような実体としては存在しません。千円紙幣と百円玉のような異なる貨幣、あるいは千円の貯金や千円の商品、これらのものを両替・交換するときに初めて千円そのものが現れてきます。つまり、同じ〈千円〉としての両替・交換がなされることで、意味理解としての千円が現れてくるのです。

私がリンゴを見ているという経験と、リンゴの方を向き「リンゴ」という声を出している九人の人間を私が見ているという経験があるとき、〈リンゴ〉についての両替のすべては私秘的な世界で行なわれています。両替の場は、私の心の中にあるのです。前回少しだけ触れた私的言語の議論では、この私秘的な両替の場において、規則的な両替が可能かが問われます。私が私の心の中でだれにも見られずに両替をするなら、仮に不正な両替がなされても表面化することはありえない——正しい両替だと私が思えば正しい両替になってしまうから——というわけです。

私秘的言語観の難点については、改めて繰り返すことはしません。他方、私秘的言語観の側からは、こんな反論が可能でしょう。「先述の通りだとして、何がまずいのか」。私にとっての意味の両替がすべて私秘的に行なわれているとしても、私は不正な両替を好き勝手にできるわけではありません。たとえば、私にとってレモンに見える像を、私がそうしたいからといって、リンゴとして見ることはできません。私の私秘的な世界においても正当な両替と不正な両替は区別されており、前者は私秘的世界内部での知識のネットワークに適合しています。

何かの像がそれ自体単独で、なぜかレモンに見えるということはありません。何かがレモンに見えるとき、その信念は他の膨大な信念——たとえばその何かの下にあるのは皿であり、その何かは冷蔵庫から取り出したものであり、その何かからは柑橘《かんきつ》系の香りがする、等々——と結び付いています。こうしたネットワークを再点検することで、正当な両替に見えたものが後から不正な両替と見なされることはありえても、いま正当な両替に見えるものが、いま不正な両替と見なされることはありえないのです。

私はつねに、いま正当な両替と思われるものを、いわば受動的に続けることしかできません。「正しい両替だと私が思えば正しい両替になってしまう」としても、そこに意図や恣意性はないのです。むしろ、意味の両替がすべて私秘的な作業なら、正しい両替に「なってしまう」などとは言えないでしょう。私がいま正当な両替と見なすものは、本当に正しい両替なのであり、その訂正は未来においてのみ、つまり別の両替のもとでのみ可能です。しかし端的な事実として、現在、そんな未来はどこにもありません。私たちはこれと同型の問題を、全面的な全体論を論じたときに見ました（↓講義4：全体論の全面化）。

私秘的言語観を拒絶するとき、意味の両替場は心の外に置かれます。意味なる媒介物は存在しない、と考えるときでさえ、そのことは変わりません。言語ゲームの比喩を借りるなら、そのゲームを実践するための場所、声や身体といった駒を動かす場所が必要なのであり、それこそが意味の両替場となるのです。

言語の公共性を考えるとき、「痛い」という語がよく例に出されます。その理由は、痛みこそ私秘的な経験の最たるものであり、「痛い」の意味もまた、私秘的な独特の感覚に結び付いている、と言いたくなるからでしょう。この、もっとも私秘的に思われる語でさえ完全に公共的であるのを示すことで、私秘的な意味の両替を徹底的に拒否しようというわけです。

注目されるのは、語の学習の過程です。私たちは皆、子どものときに「痛い」という語を学習しますが、しかし、この学習の過程に私秘的な痛みは関わってきません。というのも、大人たちは子どもの私秘的な経験をのぞき込んで「痛い」という語を教えたのではなく、子どもが痛そうにしているのを――傷口を押さえて泣いたりするのを――見聞きしたとき、言語ゲームの一つの駒としてこの語を教えるからです。子どもはその駒の使い方を学び、転んだときに「痛い」と言って、大人を呼び寄せたりできるようになるでしょう。

それゆえ、同じ〈痛み〉についての両替は、私秘的な場ではなく公共的な場で実行されることになります。ここではしばしば、行動主義と称される──二〇世紀以降の心理学とも深く関わる──心への見方が力を発揮します。行動主義によれば、心の状態の言語表現は、公共的に観察可能な身体行動をもとに規定されます。「痛い」という語もまた、泣いたり傷口を押さえたりといった特定の身体行動と結び付けられるわけです。

しかし、以上の教科書的な説明は、ある曖昧さをもっています。痛みの感覚は非公共的であるのに対し、痛がる行動は公共的である、というわけですが、だれにとっても同じ〈痛み〉として両替される行動などあるでしょうか。そんな両替が公共的に可能だとされるのは、初めからその状況が「痛がっている」状況として記述的に与えられているからであり、そのような記述を与えられる以前の状況そのものは、必ずしも〈痛み〉に両替されるとは限りません。

私たちはこの次元においてこそ、規則解釈の問題を熟慮すべきです。規則解釈の不確定性は、私秘的なイメージだけでなく公共的な事実に関しても──「+2」の事例のように

——変わらずに問題であり続けます。子どもの身体行動が心の外の現象だからといって、だれもが一様に「子どもが痛がっている」と解釈するような特定の行動などありえないのです。

†物理的同一性

意味の両替場を公共的空間にもってきても、両替のための正当な規則が公共化されるわけではありません。それどころか、両替場を公共的空間にもってきた、ということの実態はきわめて不鮮明です。それは、意味の両替での貨幣にあたるものが物理的空間に位置づけられた、ということなのでしょうか。つまり、公共的空間とは物理的空間のことなのでしょうか。

行動主義の説得力の多くは、諸行動の同一性が物理的空間上で確保されている点から来ています。同一の行動とは、同一の物理的現象なのです。物理的空間が公共的である——だれにでも観察可能である——ことにより、行動もまた公共的空間に置かれ、意味の貨幣としての同一性を得ます。本来ならここには、規則解釈の問題が出てきて然るべきなのですが、行動主義的な議論において、それが問われることはまずありません。物理的現象としての行動は、まさに物理的な同一性の基準において、同一性を確保できると考えられているからです。

この素朴な信頼の源は、明らかに自然科学にあります。物理的空間を探究する科学、とりわけ物理学とそれへの還元が期待できる諸科学、これらの学問の豊かな成果が、行動を意味の貨幣にします。ある行動が、だれにとっても観察可能であり、だれにとっても同じ行動として理解されるのは、行動の同一性が物理的同一性に基づいているからです。つまり、規則解釈の問題のここでの消失は、自然科学とくに物理学における存在物が、解釈多様性のない基礎的な貨幣として流通していることに起因するのです。この点については、また後で立ち返りましょう。

哲学が自然化される理由を、哲学と自然科学の連続性のみに求めるのでは、いま直面している問題は見えてきません。たんに全体論的観点からこの連続性のみを強調するなら、哲学者が科学を学ぶだけでなく、科学者もまた哲学を学ぶべきであると言えるでしょう。つまり、哲学の自然化だけでなく、科学の哲学化も進められるべきだと。

実際にはなぜ、そうした発言がほとんど聞かれないのでしょうか。全体論的な知識の場において、科学と哲学が対称的ではない――たとえば科学の方がより中心部に近い――とすれば、なぜでしょうか。この疑問に答えることは、実は非常に困難です。多くの場合、実用面での科学の成功が漠然としたその動機づけとなっていますが、これだって、それが正当な根拠になっているのかどうかは分かりません。

たとえば、私がよく考えるのは「役に立つ」という評価の源泉です。多くの科学は役に立ちますが、しかし、知識体系における科学の特権性をその有用性をもとに説明することは、どこかで壁に突き当たるでしょう。というのも、「役に立つ／役に立たない」の判定は、人間の未来選択にまつわる、それ自体は明快な科学的根拠をもたない諸概念——たとえば自由意志や責任や価値——と結び付いており、にもかかわらず、その諸概念のネットワークは全体論的な知識体系に深く食い込んでいるからです。

私の理解では、時間の哲学と呼ばれる研究と、この問題は密接に関係しています。「役に立つ」ということを、未来の諸可能性からより良いものを選ぶ力になる、と理解するならば、なおさらです。後の講義でも触れますが、日常的知識は一般に、科学知識に強く依存するものの、時間の推移（常識的な意味での時間の流れ）の理解においては科学知識から遊離しています（↓講義9：内部での対立）。そこには明らかに全体論的ネットワークの分断があり、有用性の観点は、この分断の存在によってこそ成立するのです。同じことを、こう言い換えてもよいでしょう。全知識体系が本当に自然化されたなら、「役に立つ／役に立たない」という観点自体が世界から消えてしまうだろう、と。

†原初的一致

話を本題に戻しましょう。重要なのは、意味の貨幣をどこで両替するか、そして何が公共的な貨幣になりうるか、です。先述した種類の行動主義では、物理的現象としての行動が、意味の貨幣として公認されています。痛がっている行動は、規則解釈の多様性なしに、いつ、だれにとっても、痛がっている行動なのです。

現実問題としては、これは明らかに嘘でしょう。痛がっているように見えたが演技だった、とか、痛さを表情に出さなかった、とかいうことは当然ありえます。こうして行動主義的な戦略は、貨幣の同一性を、より物理的な同一性の方に接近させることになります。たとえば身体動作の同一性（あるいは類似性）ではなく脳状態の同一性に注目したり、あるいは、眼球や皮膚といった感覚器官への刺激の同一性に注目したりすることで、同じ〈痛み〉として両替できるものは何かが決まっていくでしょう。もしくはもっと単純に、本人に直接尋ねるというやり方もありえます。つまり、「痛いですか」という質問に「はい」と答える状況が、「痛い」状況である、というわけです。

しかし『探究』でのウィトゲンシュタインの議論は、こうした方策がどれも決定的なものになりえないことを、あらかじめ予見するものでした。〈痛み〉の両替の根底には、〈痛み〉の言語ゲームの実践における私たちの無根拠な一致があり、その一致の理由を他の何らかの同一性判断をもとに説明することはできないのです。むしろ、語「痛い」の学習に不可欠に見える公共的同一物――たとえば痛がっている行動――は、無根拠な実践の一致の後で、初めて事物として確保されます。つまり、子どもの痛がっている行動を見て「痛い」という語を教える、という図式は本末転倒であり、〈痛み〉の教育の実践は痛がっている行動の存在に先立っているのです。

とはいえ、ここにはまさしく言語の限界に関わる問題があります。もし、いま述べたことが実状のすべてなら、無根拠な実践の一致がなぜあるのかだけでなく、そのような実践の一致があること自体、言語化不可能になるでしょう。〈痛み〉の言語ゲームの実践において人々はなぜか一致している、と言いたくても、それがどのような一致なのかを――そもそも一致があるという事実を――表現する言葉は存在しないはずです。なぜなら、実践の一致のいかなる表現も、何を同じものと見なすかについての言語ゲームに依存しており、その「同じもの」がどのように同じであるのかは、それが何として「同じもの」であるかの表現に戻って来ざるをえないからです。これは明らかな循環ですから、説明にも描写にもなっていません。それでも、循環をおかすことなしに、この事態を表現することはできません。

〈痛み〉に関して言うなら、同じ〈痛み〉として両替される貨幣——たとえば痛がっている行動や「痛い」という音声——は、ある実践の一致によって、そのような貨幣となりえています。でも、その実践の一致とはどのようなものかと問われれば、〈痛み〉についての、と言わざるをえません。さまざまな〈痛み〉の貨幣がどれも同じ〈痛み〉の貨幣であるのは、何らかの類似性によるのではなく、それらが同じ〈痛み〉の貨幣として両替されている実践があるからです。

しかしこれでは、言語ゲームの実践の記述、つまり原初的自然の観察記録は、そのための語彙を失うでしょう。言語ゲームの観点に立てば、たとえば右向きの矢印を見て人々がみな右に進むのは、人々がなぜかその矢印に対して右に進むという自然的反応をするからです。原初的自然におけるこの一致によって、矢印は「右に進む」という意味をもっているように見えるのであり、意味が実践に先立つのではありません。ところが、もし以上が真実であるなら、いま見たような記述自体がその基盤を失うでしょう。人々の自然的反応にはなぜか「右に進む」という一致が見られるわけですが、その一致の記述自体が、「右に進む」という表現に依存するからです。

人々が同じように「右に進む」とき、その実践の一致のもとで、「右に進む」の意味が立ち現れてくる——。では、その自然的反応における一致は、どうして一致だと言えるのでしょうか。そこに一致があることは、その一致によって支えられる意味によってしか、表現不可能ではないでしょうか。原初的自然に訴えるとき、私たちはここに、「右に進む」の意味に先立つ、自然的反応としての一致があると言いたくなります。でもそれが本当なら、その「一致」もまた私たちの言語の外に出るでしょう。それは、私たちにとっての「一致」の意味を支える、原初的「一致」でなければならず、それがいかなる意味での一致なのかを表現することはもうできないからです。

†ヒュームの自然主義

一八世紀の哲学者ヒュームは、原因が結果をひき起こすという常識的な物の見方に関して、自然界にそのような事実は観察されないと述べました。たしかに、実際に観察できるのは、種類Aの出来事の後に種類Bの出来事がしばしば引き続いて起こる、といったことであり、因果的な作用そのものではありません。ヒュームの表現によれば、種類Aの出来事に種類Bの出来事が繰り返し伴うという「恒常的連接」が観察されるだけです。

ヒュームはここから、因果関係は出来事それ自体において成り立つのではなく、私たち人間の心の習慣によって成り立つのだと考えました。つまり、恒常的連接の経験によって、種類Aの出来事の後にはいつも種類Bの出来事が起こるであろうと期待する、心の習慣ができあがるというのです。

この分析はその後の哲学に大きな影響を与えましたが、それについては別の解説に譲りましょう。いま注目したいのは、このヒュームの分析自体が因果的分析に見えることです。つまり、恒常的連接の経験が「原因」となって、因果についての心の習慣が「結果」として得られた、と言っているように見えるのです。しかしこれでは、分析されている因果の外に、心の習慣に基づかない因果が見出されていることにならないでしょうか。

ここには、先述の原初的「一致」と同じ構造の問題があります。このことは、ヒュームが一種の自然主義哲学の先駆者であることと深く関係しています。ヒュームは彼の因果論を柱に、知的存在としての人間を一種の自然現象として分析しました。彼の主著『人間本性論』（一七三九―四〇）のタイトルにもあるように、人間の本性、すなわち人間にとっての自然のあり方を探究したのです。

さきほどの因果論に関しても、だから因果は幻想なのだ、とか、因果とは人工的な概念なのだ、と解釈することは、この自然主義的志向に反するものです。そうではなく、私たちの因果の理解はヒュームの描く自然誌的過程に基づいて、それゆえ、いっさいの非自然的な人為性なしに今日のようなものとしてある、と解釈すべきでしょう。

原初的「一致」に類比しうる原初的「因果」は、もはや通常の因果ではありえないにもかかわらず、通常の因果の意味理解を支える自然的基盤となっています。この線でヒュームの議論を読むなら、恒常的連接の経験が心の習慣を形成するという図式は、痛そうにふるまう子どもを見て「痛い」という語を教えるという、あの反転的図式と同型であると言えるでしょう。原初的自然においては、恒常的連接も心の習慣も存在しません。そこにあるのは、非原初的な自然の次元でいま見た反転的図式を説得的にするような、何らかの原初的一致なのです。

その原初的一致がどのような一致かは、例の循環的表現を除けば、非原初的にしか表現できません。「恒常的連接」や「心の習慣」といった表現も、そうした非原初的な表現に含まれます。非原初的であるとはつまり、原初的一致の正確な記述とはならず、規則解釈の多様性からも逃れられない、ということです。事実、「恒常的連接」などの表現を、ヒュームの意図しない非因果的な意味で解釈することはどこまでも可能であり、しかもそれを誤った解釈と断定することはできません。だからこそヒューム以後、彼の条件に合わない因果の例がいくつも指摘されたのであり、今日もなお専門家の間では、ヒューム的因果論の微調整が続けられているのです。

†自然の自然誌

結局のところ、原初的自然に訴える議論は、非原初的な記述のもとでしか、理解可能な説得力をもちません。行動の次元で〈痛み〉のゲームを記述したり、恒常的連接の次元で〈因果〉のゲームを記述したりすることで、それらもまた自然と呼びうる何らかのものの描写になっていると感じさせるほかないのです。

科学的自然の存在物が基礎的な〈意味の貨幣〉として流通しているという先述の論点は、まさにこの事実に関わっています。現在の私たちにとっては、自然科学の世界こそが自然と呼びうるものの筆頭であり、とりわけ物理学的対象についての厳密かつ公共的な同一性の規定は、その貨幣としての信頼性を著しく高めています。

たとえば今日の知見によれば、各種の素粒子には個性（個別性）がありません。ある電子と別の電子との間に質的な違いはまったくありません。自然科学全体においても、これほど厳密な同一性が認められるのは、物理学だけでしょう。すべての電子が質的に同一であるということは、あるものが電子であるかどうかが、質的に正確に定まるということです。ドイツのある実験室の電子が、日本の別の実験室の電子と別のものである可能性は考慮されません。科学者たちがそれぞれ「電子」という言葉で別のものを意味している可能性も、同様です。そのような考慮が無意味となるほど、電子は基礎的な存在物なのです。

生物学における同一性の規定にこれほどの厳密さはないでしょうし、工学や医学となればなおさらでしょうが、そこには、物理学的な同一性の規定との連続性が強く期待されています。つまり、諸科学における同一性の規定は――完全な還元は無理だとしても――物理学におけるそれに依存する、と考えられているのです。

原理的に考えるならもちろん、規則解釈の懐疑はどこまでも可能であり、たとえ対象が電子であっても、「＋2」のような事例は想定しうるでしょう。ある日突然、何が電子であるかの判断が各人ばらばらになることも想定可能ではあります。しかし人間の本性は、そのような想定をある段階で無価値と見なす傾向をもっており、その傾向の公共的かつ原初的な一致が、今日の科学を特別なものにしています。つまり、自然とは科学的自然のことであると人々が考えるにいたった過程自体が、非原初的にしか表現することのできない原初的な自然誌（自然史）の一部なのです。

†科学の哲学化

著書『ことばと対象』（一九六〇）でクワインは哲学者ノイラートの比喩を借り、全体論をこう描写しました。哲学と科学は同じ船に乗り合わせており、その船は海に浮かんだまま修理せざるをえない、と。これが的確な描写であるなら、たとえ哲学者であっても、科学とまったく独立の地点から——つまりその船の外側から——船を直すことはできません。その代わり、哲学者もまた船に積まれた諸科学の道具を、自由に修理に使えることになります。

自然の一部としての人間が、自分自身を含んだ自然誌を書くとき、ノイラートの舟に似た状況が現れます。私たちは、いま私たちが自然と見なしているものの外側から、自然を見ることはできません。つまり科学的自然の外部から、科学的自然こそが自然と見なされるにいたった過程を、原初的自然誌として書くことはできないのです。

これはけっして、原初的自然なるものは存在せず科学的自然だけが存在する、という話ではありません。私たちは日々、科学をより良い科学へと更新していきますが、その「良さ」の極限にあるのは原初的自然だからです。科学的自然の語法の「良さ」がいかなる実用的目的のもとで評価されても、そのことは変わりません。未来の予測に適した語法、あるいは生存・進化に有利な語法、どのような語法が選ばれるにせよ、科学的自然について私たちが語ることの一致は、何らかの「良さ」の公共性を支える、原初的自然での一致に帰着します。そうでないなら、何かに向かって科学を更新し続けるなどという人間の——人間という自然の——活動がありうるでしょうか。

哲学の自然化とは、原初的自然を消し去ることでも、哲学者がみな科学者の語法を真似することでもありません。哲学者は原初的自然を論じることができ、ウィトゲンシュタインやヒュームはもちろん、クワインもまたそれをやってきたと言えます。今日、「二つのドグマ」のような論文が、一般的な科学論文と見なされることはないでしょう。そこには科学的自然誌を逸脱する記述が含まれ、それが原初的自然誌の比喩として働くことで、まさに哲学的としか形容できない洞察がなされています。

哲学と科学の連続性を訴えた哲学論文が、明らかに科学と異なる語法で書かれていることは、皮肉でも欠陥でもありません。そのようにして哲学をすることは可能だ、という事実が示されているだけです。これを原初的自然の探究と見なすか、それとも科学的自然の「別の角度からの」探究と見なすかは、表現上の違いにすぎないでしょう。重要なのは、これまでも、そしてこれからも、そのようにして哲学を駆動しうるということです。

ひょっとすると遠い将来、「二つのドグマ」のような論文さえも一般的な科学論文と見なされる日が来るかもしれません。原初的自然と科学的自然はそのとき真に、ただ一つの自然として探究されるでしょう。しかし哲学の自然化のみによって、そのような日が訪れることはありません。科学の哲学化もまた、そのためには同様に必要なのです。

講義7

可能世界と形而上学

†『名指しと必然性』

これまでの講義では、論理実証主義を重要な中継点として、分析哲学の流れを見てきました。フレーゲやクワインはもちろん論理実証主義者ではありませんが、彼らを論理実証主義の前史・後史に位置づけることで、一つの大きな流れを見出せます。私はおもにこの観点から、一九六〇年頃までの分析哲学史を概説してきました。しかし、六〇年以降の分析哲学について、この種の概説をするのは難しいでしょう。分析哲学の流れは複数の流れへと枝分かれし、どこまでが分析哲学でどこからがそうでないのかさえ、見分けることが困難だからです。

たとえば、言語の意味をその使用に見出すという発想は、言語を用いたさまざまな行為──そこには約束や注意や比喩のような、たんに事実を記述するのではない言語の使用が含まれます──を分析する、言語行為論という分野を活性化させました（中心人物はオースティンなど）。あるいは、言語の意味を検証条件ではなく真理条件──文が真だと知るための条件ではなく、文が実際に真であるための条件──と見なす新たな発想は、真理についての理論の側から意味の理論を構築する真理条件意味論を生みました（中心人物はドナルド・デイヴィドソンなど）。

これらの研究は興味深いものですが、研究内容が図式化され、その整備が主目的となると、それが哲学の一部であるのか分からなくなってくるのも事実です。経験科学としての言語学のほうが、よりふさわしい舞台にも思われてくるのです。

ここで私は、ソール・クリプキの『名指しと必然性』（一九七二）という本を、二〇世紀後半における分析哲学の中継点・転回点として仮に定めます。このことによって、分析哲学史の支流の多くが無視されることになりますが、それでも、分析的手法の継承の事実を、いくつかの太い支流において確認することができるでしょう。

『名指しと必然性』は講演録を手直しして出版したものですが、もとになった講演は、一九七〇年にアメリカで行なわれています。一九七〇年という年はなかなか象徴的で、そこには多くの文化的転回点がありますが、たとえば私は個人的に、分析哲学史における『名指しと必然性』をジャズ史における『ビッチェズ・ブリュー』（一九七〇）というアルバムと重ねて見ています。ジャズ・ファンにはこの比喩だけで、かなりのニュアンスが瞬時に伝わるでしょう。——あるスタイルが円熟し、技巧化の果ての閉塞が見えたとき、ある種の開き直りと混沌を含んだ、新たなスタイルが提出される。そのことによって全体の景色が変わる——。両作品にはそうした側面があります。ついでに言えば、ばらばらの情報が同時並行で流れていく点も似ています。

後述の通り、『名指しと必然性』における転回は、論理実証主義とその前史・後史に顕著な、形而上学への強い疑念をあっさり無視している点と、同時に、やはり強い疑念の対象であった様相概念（「可能」「必然」などの諸概念）を全面的に用いている点に現れています。そこには、なぜそうすべきかについての明確な論証があるわけではなく、新しいスタイルのもとでの見事な「演奏」があるだけですが、その演奏に魅せられた人々は新たなスタイルを徐々に取り入れていきました。

†形而上学の実際

形而上学（メタフィジックス）の名称は、同名のアリストテレスの著書から来ていますが、しかし、この著書と現在の形而上学との関連を示すのは意外に厄介です。今日の目から見ると、アリストテレスの『形而上学』は形而上学なのか、という一見奇妙な疑問が成立する余地さえあります。そうした事情については、たとえば『岩波講座　哲学2　形而上学の現在』巻頭の中畑正志さんの論文などが参考になりますが、いまは、形而上学とは何かという論争には立ち入らず、形而上学の名のもとに今日、どのような議論が実際になされているかを見ることにします。ウィトゲンシュタイン風に言えば、形而上学とは何かではなく、「形而上学」という語の実際の使用を見るわけです。

さきほどの中畑さんの論文に、それについての簡潔なまとめがあります。このまとめから引用すると、今日の形而上学的探究とはおおよそ「実在の本性についての一般的考察」であり、それは次の二つに分類されます（岩波書店、一〇頁、［　］内引用者）。

（A）存在するもの全般にかかわる特質を追求し、ものの同一性、個と普遍、事物と事実、ノミナリズム［唯名論］とリアリズム［実在論］、そして時間と空間や因果性などの主題を論ずる。

（B）存在するものの究極の原因や根拠を追求し、世界（宇宙）の存在の根拠、またこれに関連して偶然と必然、目的論、そして神などを論ずる。

こうした考察テーマのいくつかには、これまでの講義でも出会ってきました。たとえば個と普遍（個物と普遍者）の問題や、因果性の問題などです。西洋の哲学史においてもっとも有名な形而上学的問いは、おそらく次の問いでしょう。「なぜ、そもそも無ではなく、何かが存在するのか」。

論理実証主義者は形而上学的な問いの多くに、きわめて冷淡な態度をとりました。形而上学こそ、彼らにとっては排斥すべき疑似問題の最たるものでした。その根底には、形而上学的命題は検証不可能であり、それゆえ無意味である、という彼らの検証主義的な信念があります。たとえば「普遍者は存在する」という命題が与えられても、それが直接的経験の命題に還元できず、それゆえ真偽を検証することができないなら、この命題は間違っている以前に無意味である——そもそもまともな命題ではない——というわけです。

可能、不可能、必然、偶然といった様相概念についても、よく似た状況があります。これらの概念を用いた命題は、やはり経験主義と馴染《なじ》みません。たとえば、「人間が死ぬのは必然である」とか「モーツァルトが五〇歳まで生きることは可能であった」といった命題を、何らかの経験によって検証できるでしょうか。これらの命題は、検証可能な事実ではなく、話し手の思い——ある主張をどのくらい強く信じているか——を述べたものにすぎないのではないでしょうか。

論理実証主義者によれば、必然的真理とは「独身者は結婚していない」や「PかつQならばP」のような言語的・論理的規則に基づく真理であり、その規則は人間が取り決めたものです。その場合、「人間が死ぬのは必然である」という命題は、人間とは死ぬものであるという言語的取り決め（言葉の定義）がある場合にのみ、真となるでしょう。しかし、取り決めに基づくこうした様相ではなく、事物そのものについての様相を語ることは許されません。「人間」という言葉をどう使うかと独立に、人間そのものが必然的に死ぬのかを論じることはできないのです。

クワインもまた、様相概念に対しては論理実証主義者以上に冷淡です。『論理的観点から』（一九五三）所収の論文「指示と様相」などでその理由をくわしく知ることができますが、ここでは、彼の晩年の著書『真理を追って』(一九九〇)から、必然性についての次のコメントを拾っておきましょう(伊藤春樹+清塚邦彦訳、産業図書、一〇八頁、中略引用者)。

[……]必然性という表現は、たしかに日々の論話で役に立っている。しかしそれはどうでもよいような場合にすぎない。「必然に」という副詞を使ってある文を修飾するのは、その文を聞き手もおそらく受け入れるだろうと思われるような場合であって、しかも、それを単なる前提のひとつとしてたてて、議論の余地のある文をこれから検討してみようというような場合である。

†可能世界意味論

ラッセルの記述理論は、当時の新たな論理学であった述語論理学を背景としていました。『名指しと必然性』での形而上学的議論もまた、様相論理学という、新興の論理学を背景としています。クリプキは、述語論理学に関してラッセルがそうであったように、様相論理学の体系化とその哲学的応用の両面において、優れた貢献をしました(『名指しと必然性』は後者にあたります）。

様相論理学は、様相的諸概念を扱う範囲まで、述語論理学を拡張したものと言えます。可能世界意味論は、可能世界という新奇な（哲学史的にはライプニッツに由来する）概念を用いて、様相論理学の体系に意味論を——論理式に適切な意味解釈を——与えたものです。この意味論の付与によって、様相論理学はずっと見通しの良いものとなりました。

可能世界とは文字どおり、可能性としての諸世界のことです。可能世界意味論では様相概念を、可能世界の量によって定義します。たとえば、モーツァルトが五〇歳まで生きることが可能であったとは、モーツァルトが五〇歳まで生きている可能世界が少なくとも一つあるということです。他方、それが不可能であったとは、そのような可能世界は一つも存在しないということです。必然性と偶然性もまた、同様にして定義できます。必然であるとは、すべての可能世界において成立していることであり、偶然であるとは、一つ以上の、ただしすべてではない可能世界において成立していることです。

様相概念の日常的使用とのずれを、二つ指摘しておきましょう。可能世界意味論においては、現実世界もまた、諸可能世界のうちの一つとされます。そのため、現実に成立していることがらはどれも可能なことがらであり、それが成立している可能世界が少なくとも一つ（すなわちこの現実世界が）あります。また、2＋3＝5のように、すべての可能世界で成り立つ必然的なことがらも、やはり可能なことがらとされます。「オバマがアメリカ大統領になることは可能だ」とか「2＋3＝5であることは可能だ」といった命題は、日常的にはやや奇妙ですが、可能世界意味論においては正しい命題です。

日常的使用とのもう一つのずれは、偶然性に関するものです。日常的に言われる「偶然」は、たまたま現実に起こったこと——旅先でばったり知人に会うような——を指しますが、さきほど定義された偶然にそうしたニュアンスはありません。一つ以上の、ただしすべてではない可能世界において成り立つとは、ようするに、可能であるが必然ではないということです。この条件を満たすなら、現実に起こっていないことがらも偶然ですし、原因が明確なことがらも偶然です。

†可能性と必然性

可能、不可能、必然、偶然という諸概念のうち、不可能とは可能ではないということですし、偶然とは先述の通り、可能であるが必然ではないということですから、可能性と必然性に的を絞って話を続けましょう。可能世界の量をもとにこれらの概念を定義すると、そこにはきれいな法則性が現れます。

その法則性を見やすくするため、様相論理学の記法を導入しましょう。任意の命題Pに関して、「◇P」は「Pが可能である」と読み、「□P」は「Pは必然である」と読みます。そして、否定記号である「¬」は直後に来るものを否定するので、たとえば「◇¬P」は「Pでないことが可能である」と読み、「¬◇P」は「Pが可能であることはない」と読みます。

すると、可能性と必然性の間には、次の対称的な関係が成り立ちます。「≡」は同値を表す記号で、左辺と右辺の命題の真理値がつねに一致することを意味しています。左辺を右辺に書き換えても、右辺を左辺に書き換えても、真偽は変わらないわけです。

（1）¬◇P≡□¬P

（2）¬□P≡◇¬P

（3）◇P≡¬□¬P

（4）□P≡¬◇¬P

（1）の左辺は「Pであることは可能ではない」で、右辺は「Pでないことは必然的である」です。左辺は「Pである可能世界は少なくとも一つある」の否定ですから、結局、「Pである可能世界は一つもない」ということです。他方、右辺は「すべての可能世界においてPではない」を意味しますから、純粋な量的関係に基づいて――可能性や必然性についての直観的判断なしに――、（1）は正しいと言えるでしょう。（2）から（4）に関しても、同様の量的な考察をするなら、その正しさが確認できます。

ところで私たちは、（1）にとてもよく似たものを、ラッセルの理論を解説したときに見ました（↓講義3：記述理論）。そこでは、「現在の日本の大統領であるような何らかのもの（人間）が、少なくとも一つある」の否定を、「すべてのもの（人間）のいずれも、現在の日本の大統領ではない」に書き換えたのですが、ここにある量的関係は（1）とまったく同じです。これは偶然ではありません。様相論理学においても、述語論理学と同様、量化の概念が用いられているのです。

†固定指示子

可能世界意味論については、到達可能性という概念や、義務表現や時制表現への応用など、まだまだ面白い話題があります。しかしそれらは専門の教科書に譲り、『名指しと必然性』での哲学的議論に目を向けましょう。クリプキはそこで、意外なところから話を切り出します。彼は、固有名についてのラッセルの議論（そして、そのもとになったフレーゲの議論）を批判するところから出発するのです。

ラッセルは固有名を、省略された記述の束と見なしました（↓講義3：確定記述と固有名）。たとえば固有名「アリストテレス」とは、「プラトンの弟子である」「アレクサンダー大王の教師である」『ニコマコス倫理学』の著者である」等々のさまざまな記述の連言なのです。このように考えるなら、固有名についてもラッセルの記述理論が活用できることになります。

しかし、もしこれが本当なら、命題「アリストテレスはプラトンの弟子である」は必然的な真理となります。すると、「アリストテレスがプラトンの弟子でなかったら」という仮定は、プラトンの弟子であるものがプラトンの弟子でなかったら、という矛盾した仮定となるでしょう。記述理論に準じた固有名の扱いは、様相的表現をうまく処理することができません。

ラッセル的な見解を少し修正し、固有名はさまざまな記述の大部分を――すべてではなくとも主要な部分を——満たすものであると考えてはどうでしょう。クリプキはこの考えも退けます。たとえばアリストテレスが、私たちが彼に結び付けている主要な記述のすべてを満たさなかったことも、ありえたからです。アリストテレスは幼少期のあるきっかけから、哲学とまったく無縁の生涯を送ったかもしれません。そして、アリストテレスではない別の人物が、「プラトンの弟子である」「アレクサンダー大王の教師である」などの主要な記述を満たしていたことも可能でしょう。

では、固有名とは何なのか。クリプキによれば、固有名は記述の束ではなく、すべての可能世界で同一のものを指す名前です。「アリストテレス」はどの可能世界でも、同一のあのアリストテレスを指すのです（アリストテレスがいない可能世界については、除外して考えてください）。こうした機能をもつことから、クリプキは固有名を「固定指示子」と見なします。固有名の指示対象は、諸可能世界を通じて固定されているわけです。他方、「プラトンの弟子である」等の記述の束は、諸可能世界を貫いて同じものを指す機能をもたないので、非固定指示子だとされます。

「あのアリストテレス」と言ったって、どの人物のことか分からないという疑問に対しては、クリプキはこう答えます。固有名の固定指示子としての働きは約定《やくじょう》によるものであって、認識によるものではない——。つまり、諸可能世界を見渡して「アリストテレス」と呼ぶに足る人物を（記述の束をもとに）探す必要はなく、私たちは、諸可能世界を貫く固定指示子として固有名「アリストテレス」を使うことにする——そして普段もそのように使っている——というわけです（この「約定」とは何かについては、のちほど再考することにします）。

†同一性の必然性

固有名が固定指示子として機能することで、さまざまな様相的表現が息を吹き返します。「アリストテレスがプラトンの弟子でなかったら」との仮定も、矛盾なく理解することができます。このとき、「アリストテレスはプラトンの弟子である」は必然的命題ではなく、偶然的命題となるでしょう。つまり、アリストテレスがプラトンの弟子でないような（しかしアリストテレスは存在する）可能世界が、一つ以上あるわけです。

ここには可能性や必然性についての日常的な語りの復権があり、さらに形而上学への重要な接近があります。すなわち、様相が言語的取り決めの問題ではなく、存在者の問題となるのです。論理実証主義風の考えでは、何が可能で何が必然かは、言語的取り決めによって決まりました。固有名「アリストテレス」の定義に「プラトンの弟子である」が含まれているなら、「アリストテレスはプラトンの弟子である」は必然です。しかしクリプキの考えでは、私たちは「アリストテレス」という言葉ではなくアリストテレスそのものについて、形而上学的に様相を語ることができます。

ところで固有名が固定指示子であるなら、ただちに次の帰結が得られます。固有名「A」と固有名「B」に関して、「AはBである」（AとBは同一である）が真であるなら、それは必然的真理となるでしょう。哲学者のよく使う例で言い直せば（その原典はフレーゲの論文にあります）、「フォスフォラスはヘスペラスである」が真であるなら、それは必然的真理なのです。なお、フォスフォラスとは明けの明星のことであり、ヘスペラスとは宵の明星のことですが、これらはどちらも金星と同じ星です。ただそのことは昔は知られておらず、フォスフォラスとヘスペラスという名前が別々に用いられていました。

「A」と「B」が固定指示子であるとき、「AはBである」はなぜ、必然的真理になるのでしょうか。「A」はすべての可能世界で同一のAを指し、「B」もすべての可能世界で同一のBを指しますから、この現実世界でAがBであることが発見されたなら、それは現実世界だけで成り立つ偶然的真理ではなく、すべての可能世界で成り立つ必然的真理となります。「A」や「B」が非固定指示子であったら、この帰結は得られません。たとえば、「バラク・オバマは第四四代アメリカ大統領である」はこの現実世界では真ですが、必然的真理ではありません。「第四四代アメリカ大統領」は非固定指示子であり、オバマ以外の人物が第四四代アメリカ大統領であるような可能世界も存在するからです。

以上の、一見地味に見える帰結は、実は驚くべきものです。なぜなら、現実世界において発見された経験的真理――たとえばフォスフォラスはヘスペラスである――が、必然的真理でありうるからです。論理実証主義者やその前後の哲学者にとって、これは意表を突く見解でしょう。彼らにとって必然的真理とは、言語の取り決めによって決まるものであり、必然的真理が経験的に発見されるというのは、きわめて不可解だからです。この点については、後でまた触れましょう。

†指示の因果説

二点、補足をしておきます。固有名が固定指示子であり、記述の束の力を借りずに特定の個体を指すのだとすると、ある固有名とそれが指す個体はどんなふうに結び付けられるのでしょう。たとえば固有名「アリストテレス」は、アリストテレスその人をなぜ指せるのでしょう。

理論ではなく新たな見取図にすぎないと断ったうえで、クリプキはこんなアイデアを述べます。――最初の「命名儀式（baptism）」において、固有名は個体と結び付けられる。「この猫をミケと名づけよう」とか、「昨日隣家で生まれた雌猫をミケと名づけよう」といった仕方で。このようにして与えられた名前は、ある人から別の人へと、同じ個体を指すものとして受け継がれていく――。

この考えによれば、私は固有名「アリストテレス」を、その名前を自分に伝えた人物が意図していた対象を指すものとして引き継いだのであり、その人物もまた、より過去の人物からこの名前を引き継いだことになります。この過去への連鎖がどこかで途切れていないなら、私が受け継いだ「アリストテレス」は、アリストテレスその人の命名儀式と繋がっており、この因果的な繋がりによって、私は「アリストテレス」でアリストテレスを指せます。以上のアイデアは今日、多くの哲学者によってより具体化され、指示の因果説という一つの理論になっています。

命名儀式はたいていの場合、対象を目の前にしてなされます。他方、「昨日隣家で生まれた雌猫をミケと名づけよう」のような命名は記述に依存していますが、こうした記述は指示を固定するものであり、固有名と同義ではありません。「指示の固定」とは、現実のある偶然的性質をもとに個体を選び出すことです。昨日隣家で生まれたことは、命名されたミケそのものにとって偶然的性質にすぎないわけです。

もう一点。クリプキは、すべての固有名が固定指示子であるとは断言しておらず、例外になりうるものとして「切り裂きジャック」などを挙げています。「切り裂きジャック」とは、世界的に有名なある連続殺人事件の犯人ですが、この固有名は記述理論に準じたかたちで使われていると言えるでしょう。つまり、某事件の犯人であるなら、それはだれであれ切り裂きジャックであり、異なる可能世界では別の人物が切り裂きジャックでありうるのです。

他方、「最小の素数」のように、記述でありながらすべての可能世界で同じものを指す、例外的な表現も存在します。あるいは、「地球の衛星の数」は可能世界ごとに異なるものを指す記述ですが（地球に二つ月があったことも可能でしょう）、「現実における地球の衛星の数」はすべての可能世界で同じものを――つまり1を――指します。それは必然的に1なのです。

しかし、以上の例外はクリプキの議論を否定するものではありません。彼はもともと、あらゆる固有名に適合する潔癖な理論を示したかったのではなく、固有名を固定指示子として捉え直すことで、事物そのものの様相について語る新たなスタイルを示そうとしたからです。クリプキ以降の哲学史を見る限り、この狙いは完璧に成功しました。言語的取り決めを超えて形而上学的に様相を論じることが、哲学的タブーとは見なされなくなったのです。

†本質主義

クリプキの示したスタイルは、アリストテレス的本質主義と呼ばれる見解を、現代に復活させせました。アリストテレスは（今日で言うところの）自然科学的探究を事物の本質の探究と見なしましたが、ここでいう「本質」とは、事物が必然的にもつ性質のことです。可能世界意味論をもとに述べ直すなら、ある事物の本質とは、その事物が（それが存在する）すべての可能世界においてもつ性質のことだと言えます。今後、この講義では「本質」という語を、必然的性質の意味で一貫して用います。

クリプキは、事物の起源やその物理的な素材は、事物の本質であると考えました。たとえば、ある人物が実際の父母とは別の父母の（生物学上の）子であったことや、実際とは異なる遺伝子をもっていたこと、あるいは、ある机が実際にそれが作られたのとは別の木材から作られていたこと、こうした可能性はありえないと述べました。

このクリプキの議論に対し、なぜそれらのものは本質であり、その他のものは本質でないのか、と問うのは後回しにしましょう。いま注目したいのは、固有名だけでなく一般名についても、クリプキが同様の主張を行なったことです。クリプキが実際に取り上げているのは、「金《きん》」「水」などの物質名や「虎」「牛」などの生物名ですが、それらはどれも自然科学上の種の分類に対応する一般名ですから、自然種名と総称しておきましょう。

クリプキは、自然種名もまた固定指示子としての機能をもち、自然種には（その種が存在する）全可能世界において共通してもつ性質――すなわち本質――があると考えました。たとえば、金が元素であったりその原子番号が七九であることや、虎が動物であったり特定の遺伝子をもつことは、これらの自然種にとっての本質だとされます。また、自然種についても個体と同様、同一性の関係は必然的であるとクリプキは考えます。熱と分子運動、稲妻と放電、水とH_2O、これらのものが現実に同一であるなら、その同一性は必然的だというのです。

本質とは必然的性質のことですから、金は元素であるといった現実世界における発見は、それが本質についての真理であるならば、必然的真理となるでしょう。論理実証主義周辺の哲学者にとって、これはやはり驚くべき主張です。言語の取り決めによらない、種の性質についての必然的真理を、経験的に発見できるというのですから。観察や実験によっては、現実世界における金でさえ、そのすべてが元素であることを認識できません。まして、すべての可能世界における金が元素であることなど、絶対に認識不可能です（そもそも他の可能世界は観察できません）。

これに対するクリプキの見解は、次のようにまとめることができます——。必然性（および可能性）とは事物がどんなふうに存在しうるかに関する形而上学的な概念であり、私たちの認識のあり方とも言語的取り決めとも独立である。金が元素であることの必然性は、金が元素としてではなく存在することはありえないという形而上学的な必然性であり、それは何らかの認識の仕方や言葉の定義などによって、もたらされたものではない。

様相概念の形而上学化にはもちろん反論もあるでしょう。しかし、それをいったん受けいれて可能世界意味論を活用するなら、新たな哲学的展望も得られます。たとえば、論理実証主義において扱いに苦慮した全称命題について考えてみましょう。「すべてのカラスは黒い」や「すべての砂糖は水に溶ける」といった命題は、自然の観察をどれだけ続けても、その必然性を認識論的に保証できません。すべてのものを観察することはもちろん、可能的な状況を観察することは不可能だからです。

しかし、カラスが黒いことや砂糖が水に溶けることが必然的だと言えるなら、どうでしょう。その場合には、明日生まれるかもしれないカラスや、まだ水に入れていない砂糖についても、その性質を述べることができます。実際の観察を経ずとも、カラスであるものは何であれ黒く、砂糖であるものは何であれ水に溶けるからです。

さらに、これは哲学者デイヴィド・ルイスが『反事実的条件法』（一九七三）において詳述したことですが、因果法則を反事実条件によって――もし〜であるなら…である、といったかたちで――理解するなら、様相概念の形而上学化は因果の理解にも力を発揮します。ヒュームが指摘したように因果的な力は認識不可能ですが、それでもなお、因果を諸可能世界の関係として、形而上学的に承認できるかもしれないのです。

ちなみに、いま紹介したルイスは、様相実在論と呼ばれる見解の主唱者としてよく知られています。この様相実在論においては、すべての可能世界は対等に実在します。どの可能世界も抽象的なものではなく、具体的な中身をもつ――物質も感覚もみな存在する――のです。そして、私たちのいるこの現実世界もそうした諸可能世界の一つにすぎません。

決定的に重要なのは、どの可能世界もその世界から見れば「現実」であり、唯一本当に実在する現実世界などないことです。ちょうど、私以外のどの人物もその人物から見れば「私」であり、ここ以外のどの場所もその場所から見れば「ここ」であるように。この驚くべき見解については、関連文献にぜひあたってみてください。

†顕微鏡の科学

クリプキの個々の議論については、不明瞭な部分がいろいろとあります。また、それぞれの議論がどう繫がっているのかも、けっして明らかではありません。クリプキ以降、多くの研究者が彼の議論の細部を埋め、そして、『名指しと必然性』が実際には独立した複数の議論のパッチワークであることを示してきました。たとえば、固有名は記述に依存せずじかに対象を指すという話と、形而上学的様相や本質の話は、今日では独立した話と見なされるのが普通です。

クリプキは、(今日で言う) 指示の因果説を素描した際、これは理論ではなく見取図であると述べましたが、その表現を借りるなら『名指しと必然性』はその全体が見取図的です。ある主張を擁護するために精緻な建造物を建てるというより、だれも登ったことのない山の上から、あんなものもこんなものも見えると報告しているような印象があります。その報告は肉眼でなされているので、実際に現地に近寄って見ると、細部の錯覚も多いでしょう。それでも、そうした現地調査がなされたのは、山上からの報告があってこそです。『名指しと必然性』の価値は、この開拓性にあると言えます。クリプキの発見した広大な土地は、今日でもまだ探索し尽くされてはいません。

せっかくなので私も今から、現地調査を少しやってみましょう。クリプキは個体や自然種について、経験的に発見しうる必然的真理の例をいくつも挙げています。ところが、それらの例には共通性がありそうでいて、それが何なのかは明記されていません。クリプキは何を根拠に、そうした例を挙げているのでしょうか。

「フォスフォラスはヘスペラスである」のような固有名同士の同一性命題については、固有名が本当に固定指示子であるなら、その真理は必然的でした（→本講義：同一性の必然性）。では、自然種についての同一性命題はどうでしょうか。自然種名Aと自然種名Bについて「AはBである」が真であるとき、これらの自然種名が固定指示子であるなら、その真理はやはり必然的です。しかし『名指しと必然性』に見られる自然種の同一性命題の例は、二つの自然種名を用いたものではありません。それは、「金は原子番号七九の元素である」とか「熱は分子運動である」といった、ある自然種名とある記述との間の同一性命題なのです（「水はH_2Oである」という例もありますが、H_2Oが自然種名なのか、私にはよく分かりません。少なくとも、H_2Oを化学的組成の記述として読むことは十分可能です）。

これらの同一性命題の必然性を、自然種名が固定指示子であることのみで説明することはできません。「金は金色の金属である」が必然的ではなく、「金は原子番号七九の元素である」が必然的である理由は、金の本質によって説明されるほかありません。つまり、金色の金属であることは金の本質ではないが、原子番号七九の元素であることは金の本質である、というようにしてです。

でも、なぜそう言えるのでしょうか。「金色の金属であることより、原子番号七九の元素であることのほうが、より科学的な記述であるから」とか「金が原子番号七九の元素であるのは、科学的に承認された理論的同一性であるから」と答えるだけでは不十分です。これだけでは、科学は必然的真理の探究であるから科学は必然的真理を記述する、という循環した見解を述べているにすぎません。

できるだけ好意的に、クリプキの直観をすくい取ってみましょう。自然種の本質として彼が挙げる例は、「原子番号七九である」「分子運動である」のほか、「特定の遺伝子をもつ」「放電である」「H_2Oである」などであり、これらはどれも物質の内部構造に関わっています。より正確に言えば、対象の同一性をその時間・空間的な位置の同一性によって定めたうえで、その内部にどのような細部構造があるか、どんなミクロ状態の上にどんなマクロ状態が実現しているか、に注目しています。

クリプキの念頭にある科学は、いわば「顕微鏡の科学」だと言えるでしょう。時空的位置によって個別化された物質を、顕微鏡でのぞくと何が見えるか。ミクロ状態とマクロ状態の間にどういった対応関係があるか。もちろん、ここで言う顕微鏡は、素朴な工学的顕微鏡に限らず、高度に理論負荷的なものであってかまいません（↓講義4：文から理論へ）。重要なのは、ある時空領域の内部構造を知ることで、必然的真理により近づけるという発想です。

†様相的原点

時空性の観点から『名指しと必然性』を見直すと、さまざまな箇所で、物質の時空的同一性が活躍していることが分かります。とくに個体に関しては、変化や移動の連続性を考慮した時空的同一性が重要です。個体は同一性を保ちつつ変化しますが、その際、個体の変化が時間的・空間的に連続していること、つまり、ある場所から別の場所へ瞬時にテレポーテーションしたり、ある時点から別の時点へ不連続にジャンプしたりしないことは、「顕微鏡の科学」でも大切な前提です（相対性理論に基づくタイムトラベルでも、時空的連続性が破棄されることはありません）。

クリプキは個体について、その起源は個体の本質であると述べました。たとえば、アリストテレスが現実の彼の両親から生まれたことはアリストテレスの本質であり、ある机が実際にその材料となった木材から作られたことはその机の本質だとされます。ここでは、アリストテレスなどの個体が、それが属する種としての本質——たとえば人間であることや特定の遺伝子をもつこと——を保持しつつ、さらに時空連続的な同一性をも保持することが期待されています。

このとき、ある個体の諸可能性は、その起源から未来へと向かう様相的な分岐として理解できるでしょう。たとえばアリストテレスの諸可能性は、その起源——たとえば受精卵や新生児——を様相的な原点としたとき、そこから未来へと開かれる諸可能性なのです。それゆえ、私たちがアリストテレスに結び付けている主要な記述のすべてをアリストテレスが満たさなかった可能性も、ごく自然なものとなります。アリストテレスが幼少期に音楽家を志し、プラトンの弟子にもアレクサンダー大王の教師にもならなかった可能性は、起源からの分岐的な可能性の一つとして理解されるのです。他方、起源は様相的原点として固定されていますから、その起源が別様であったことはありえません。

個体の時空的同一性の活躍は、いわゆる指示の因果説にも見出せます。この説がかなりの説得力をもつのは、対象の名づけが、個体の起源やそのすぐ後の時点においてなされるのが普通だからです。対象をそのごく初期の段階――理想的には起源――で捉え（ほとんどの場合には直接見聞きして捉え）、それに名前を与えることで、そこから開かれる未来への諸可能性を、その名前のもとで語ることができます。ここでは名前が、ある原点からの様相的・時間的分岐図を指す力をもっており、命名儀式とはちょうど、この原点に「ピンを刺す」ような作業だと言えます。その意味で指示の因果説は、個体の本質をその起源に求める見解と、強く連動することができるのです。

以上の話には例外もあるでしょう。たとえば、ある個体の命名がその個体の消滅直前になされる場合もありますし（老猫を拾って名づける場合など）、時空的同一性の判断が難しい、パズルのような事例もあります（「テセウスの船」と呼ばれるものなど）。しかし、現実問題としてそのような事例はごく少数であり、クリプキの叙述からすくい取ろうとした直観は、こうした例外によっては排除されません。クリプキは初めから、あらゆる名前の使用に当てはまる議論を意図してはいないからです。

そうした例外を気にするよりは、様相的原点の確保としての名づけが、以前見た〈意味の貨幣〉の話とどう関わるのかを考えるほうが有意義でしょう。〈貨幣〉としての名前は、この現実世界における公共的な同一性だけでなく、諸可能世界を貫く様相的な同一性をもつように見えます。たとえば固定指示子「アリストテレス」は、この現実世界でも他の可能世界でも、同一の〈貨幣〉として使用されています。

しかし、私と他者の間で〈貨幣〉をやり取りするように、現実世界と他の可能世界の間で〈貨幣〉をやり取りすることはできません。クリプキのように考えるにせよ、ルイスのように考えるにせよ、他の可能世界に何かを送ることはできず、他の可能世界から何かを受け取ることはできません。それゆえ、この現実にいる私は、現実から他の可能世界に向けて、一方向的にのみ――しかも、けっして受け取られないものとして――〈貨幣〉を流通させることになります。

†私世界言語

ここから、いろいろと興味深い問いが引き出されるのですが、そうした問いを一つひとつ取り上げることは、いまはできません。今回の講義を終えるにあたり、これから関連文献を読む方に向けて、問いの一つを見ておきましょう。

ルイス流の様相実在論では、現実以外の可能世界が実在することに関心が向かいがちですが、それだけでなく、他の可能世界で「実際に」言語が使用されることも見逃せません。なぜならこの事実によって、〈貨幣〉流通は疑似的な双方向性を獲得し、保留付きではあるものの一種の様相的公共性をもつからです。これが「双方向的」なのは、可能世界からこの現実世界に向けての言語使用もなされるからであり、「疑似的」なのは、そうした世界間のやり取りは因果的交流ではありえない——他者と話をするように他世界と話をすることはできない——からです。

クリプキを含めた様相実在論への反対者にとって、こうした双方向性はまったく架空のものです。他の可能世界が実在しない以上、言語が実際に使用されるのは、この現実世界だけです。〈貨幣〉は現実から他の——現実世界における概念的構成物としての——可能世界に向けて一方向的にのみ使用されることになり、そのすべては結局のところ、現実世界内部での流通となります。他の可能世界でこの現実世界に言及したら、という想定をしたところで、そこに真の双方向性はありません。

クリプキの言う「約定」は、この現実からの一方向的な〈貨幣〉の使用にほかならず、そこにある現実／非現実の圧倒的な非対称性は、約定への根本的な疑念を生みます。すなわち、クリプキ的約定は私的な――この現実世界での「私世界的」な――両替とならざるをえず、そこで使用されている〈貨幣〉は形而上学的様相に届きえない「私世界言語」にすぎないのではないか、という疑念です。

この点に留意してクリプキとルイスを読み比べると、一般的な解説とはまた違った発見があり、その発見は可能世界意味論の意義を一から考え直させるものです。とりわけ興味深いのは、「現実」という語の強烈な私世界言語性でしょう。

「現実における地球の衛星の数」はなぜ固定指示であり、必然的に1なのでしょうか。それは、ここで言われている「現実」が、私世界言語の最たるものだからです。他の可能世界で言われた「現実」は――様相実在論をとらない場合でも――その世界自身を指すのであり、他の可能世界から私たちのこの現実世界を「現実」と呼ぶことはありえません。また、この世界が現実であることを、世界についての偶然的事実として、この世界への「指示の固定」に用いることもできません（↓本講義：指示の因果説）。ある世界がどの世界から見ても「現実である」ことは、可能世界意味論において、有意味な事実の記述ではないからです（もしそれが事実の記述であるなら、この世界が現実であることも、他の可能世界が非現実であることも、たんなる必然となってしまいます）。

固有名や自然種名を固定指示子として約定すること、あるいは、この現実を指す「現実」という語で固定指示的な記述を作ること、これらが言語の私世界的な使用なら、何らかの固定指示のもとで形而上学的様相を語るのは、大いなる循環である恐れがあります。つまり、現実での取り決めを超えた様相を語る語彙として、現実でそのように取り決められた語彙は、現実での取り決めを超えた様相を語る（…と現実で取り決められている…）、というように。

クリプキの二つの主著、『名指しと必然性』と『ウィトゲンシュタインのパラドックス』は、この点において交差します。いま私たちが見た疑念は、〈貨幣〉の私的両替と並行的な、〈貨幣〉の私世界的両替に関するものだからです。すなわち、この現実世界から一方向的に固定指示を行ない、一方向的に形而上学的様相を語ることは、不正な両替ではないでしょうか。

ここで私たちは、私的両替のときに見た思考を再度たどることができます。形而上学的様相への言及が私世界的両替であるとしても、その両替は「受動的に」なされるのであり、現実の側での意図的な取り決めによってなされるのではありません（↓講義6：意味の両替場）。そこには、私世界――つまりこの現実――における強固な概念的ネットワークがあり、個々の私世界的両替の是非はこのネットワークのもとで判定されます。

結局のところ、諸可能世界が本当はないなら、形而上学的様相への言及は、この現実のなかだけでの「ゲーム」です。しかし、そのゲームが先述の受動性をもつ以上、それはたんに恣意的なものでも、たんに不正なものでもありません。そこには、形而上学的様相についての私たちの判断の一致があり、その一致の背景にはやはり原初的自然があるからです（たとえ、その「私たち」のなかに、他世界の住人は含まれないとしても）。

講義8

心の哲学の眺望

†心身問題

初回の講義でも述べた通り、心の哲学と呼ばれる領域は、今日ではきわめて広範になっています。最近では、日本語でも読める入門書が多数刊行されていますが、たとえば、その一冊『心の哲学入門』（金杉武司、勁草書房）の目次を見ると、因果性、意識、志向性《しこうせい》、合理性、認識といった内容が、各章でのテーマとなっています。つまり、これらの観点から心を論じることで、心とは何かを理解しようというわけです（志向性とは、何らかの対象に注意を向けて、その何かについての心の状態をもつ能力です。トマトを見て「トマトだ」と思うことでさえ、志向性の働きによると言えます）。

心の哲学ではこうしたテーマごとに議論が細分化されていますが、興味深いのは、それらがあちこちで交わるところです。いまから見るように、因果性と意識の話は密接に関係していますし、認識の話も実は切り離せません。また、行為や言語使用の観点から心を論じると、志向性や合理性も重要な問題となってきます。話の交点はまだまだあり、たとえば、因果性と志向性との比較も重要な話題の一つです。

今回の講義ではおもに、因果性・意識・認識の観点から心について考えることにします。この三つの観点はそれぞれ、心身《しんしん》問題・クオリア問題・他我《たが》問題と呼ばれるものと対応しています。

心身問題とは、ひとことで言えば、心と身体はどうやって作用し合うのかという問題です。私たちは経験的に、心が身体に作用し、身体が心に作用することを知っており、日常的にもそのような作用について語ります。たとえば、「悲しくて涙が出た」とか「タクシーを停めたかったので手を挙げた」といった発言は、心から身体への作用を述べています。他方、「指を切って痛い」とか「たくさん歩いたので休みたい」といった発言は、身体から心への作用を述べています。

身体は物質の一種ですから、ここで問題になっているのは、心と物質の間の因果関係です。ある心の状態が原因となり、ある物質の状態が結果となる。あるいは、ある物質の状態が原因となり、ある心の状態が結果となる。こうした因果関係が、どうして成立するのかが問題なのです。いまから見るようにこの問題は、心と物質は——とくに心と脳は——別々のものなのかという、存在論的な問題にも繋がっています。

†心は物を動かすか

デカルトの時代から、心と物質のあり方の違いはいろいろと指摘されてきました。たとえば、それは次のようなものです。(1)心は空間的広がりをもたないが、物質は空間的広がりをもつ。(2)心は自由な選択力をもつが、物質は法則に支配されている。(3)心は一人称的に観察されるが、物質は三人称的に観察される。

心と物質のあり方がまったく違うなら、両者が因果的に作用し合うことは本当に可能なのでしょうか。この問いは、心から物質への作用と、物質から心への作用のそれぞれについて分けて考えることができます。

まず前者を見てみましょう。心から物質への因果作用は可能か。今日ではこの問いを、科学の素晴らしい成功をもとに、こんなふうに述べ直すことができます。物理的世界が因果的に閉じているなら、心から物質への因果作用は不可能ではないか。

「物理的世界が因果的に閉じている」とは、物質の世界の内部だけで因果的説明が可能だということです。つまり、どんな物理的状態についても――もしそれに原因があるなら――他の何らかの物理的状態が十分な原因として存在するのです。自然科学の成功は、物理的世界のこの因果的閉鎖性をさまざまなかたちで支持しています。単純に言って、科学的な原因の探究に物質以外の存在は必要とされません。物質の運動を説明するうえで神や念力が必要とされないように、非物理的な心も必要とされないのです。物理学のように細部まで法則に支配された基礎科学においてそれは顕著ですが、そこまで法則が厳密でない応用科学でもこの傾向は変わりません。

物を動かすのが物だけであり、そして心が物でないなら、心は物を動かせないでしょう。タクシーを停めたいので手を挙げた、といった日常的表現は、事実を不正確に表したものとなるでしょう。なぜなら、手が挙がるという物理的現象には何らかの物理的原因（たとえば、特定の脳の状態）があり、それだけで原因としては十分だからです。この物理的原因以外に、何らかの非物理的原因（たとえば、タクシーを停めたいという心の状態）は必要ないですし、むしろそれはじゃまになります。原因として十分なものがすでにあるので、それ以外の原因は過剰だからです。

心の哲学ではこの困難を、「過剰決定」と呼んでいます。どのような結果がひき起こされるかを決定するものが多すぎるわけです。ただ多すぎるだけなら物理的原因と非物理的原因は対等だと言えますが、先述の通り、自然科学は物理的世界の因果的閉鎖性を支持しています。それゆえ、捨て去られるべきは非物理的原因となり、心から物質への因果作用も——心が物質の一種でないなら——排除されることになります。

†脳は心を生み出すか

次に、物質から心へと向かう因果作用の問題点を見ましょう。今日、心に作用するとされる物質の筆頭は何といっても脳です。あらゆる心の状態は、何らかの脳状態によってひき起こされる、という見解は——その法則性はまだ謎だらけですが——常識の一部にさえなっています。この見解をより比喩的に述べるなら、心は脳によって「生み出される」のです。

指を切ったので痛みを感じる、といった身体から心への作用も、脳状態を媒介にして説明されるのが普通でしょう。つまり、指の物理的状態からただちに痛みの心理的状態がひき起こされるのではなく、指からの刺激が神経を伝わり、特定の脳状態がひき起こされることで痛みがひき起こされる、というように。物質同士の因果作用はやがて、ある脳状態をひき起こし、そこから心が生じるわけです。

でも、このような説明の最終過程には奇妙な点があります。脳から心が生じるといっても、その過程は、物質同士の因果作用と同様のものとは考えられません。重要なのは、原因と結果との時間関係です。物質同士の因果作用では、原因は結果より前の時点に位置しています。結果は時間をかけてひき起こされるのです。ところが、脳と心の関係を同じように考えると奇妙なことになります。もし脳が、時間をかけて因果的に心を生じさせるのだとすると、原因としての脳状態は、結果としての心の状態より前の時点に位置することになるでしょう。すると、結果としての心の状態は、同時点に脳状態がなかったとしても、存在する可能性があるのです。

たとえば、原因としての脳状態と結果としての心の状態の間に、仮に〇・五秒の時間差があるとしましょう。すると、原因の〇・一秒後に脳を爆破したとしても、その〇・四秒後に心が生じる可能性が残ります。これは馬鹿げた考えに見えますが、しかし、脳が心を因果的に「生み出す」なら、そう考える余地があるのです。どうすれば、この奇妙な可能性を否定できるのでしょうか。

次のような反論があるかもしれません。――原因と結果の間に時間差があるのは、事物の変化を大まかに見ているからであって、細部の変化を見れば時間差はなくなる。指先の刺激から脳状態への作用も、刺激の神経伝達やそれに続く脳内物質の変化をつぶさに追っていくなら、時間的に連続した分子運動であることが分かる――。

しかし、脳から心への連続的な変化とは何でしょうか。分子運動が時間的に連続しているのは、同じ物理的空間の中で連続的にそれが進行するからです。ところが、非物理的な存在としての心は、物理的空間の中にありません。脳から心への作用については、分子運動のような時空的連続性を確保できないのです。

†心脳同一性

いままでに見てきた複数の難点を、いっぺんに解消できそうな「答え」があります。心は非物理的な存在ではなく、物質の一種だ、というのがその答えです。もしも心が物質であるなら、心から物質への因果作用も、物質から心への因果作用も、物質から物質への因果作用と同じように可能となるでしょう。なにしろそれは本当に、物質から物質への因果作用なのですから。そして、脳と心との最終的な関係は、「生み出す」のような因果関係ではなく、同一性関係によって説明されることになります。つまり、いかなる心の状態も物理的状態の一種であり、それは何らかの脳状態と同一である、というわけです。

これが本当なら、脳を破壊した後に心だけが残る、といった奇妙な現象もありえません。脳状態Aと心の状態Mとの間に因果関係が認められ、そこに時間差があったとしても、状態Mは何らかの脳状態X——脳状態Aによってひき起こされた——と同一だからです。状態Mと状態Xは同一ですから、もちろん両者に時間差はないですし、一方を破壊すれば他方も消えます。

とはいえ、以上の答えには根本的な疑問があります。心と脳が同一であるとは、いったいどういうことでしょうか。一九五〇年代以降、分析哲学の円熟とともに、さまざまな手法を用いて論じられてきたのは、まさにこの問いです。自然主義的傾向の強い多くの分析哲学者にとって、心と脳(あるいは脳やその周辺の物理的環境)が同一であることは議論の基本的な仮定でした。しかし、この仮定に肉付けすることは、いまから見るようにきわめて困難で、今日もなお十分な説明は与えられていません。

一九六〇年前後に現れた心脳同一説——主唱者はJ・J・C・スマートなど——によれ

ば、心と脳とはタイプ的に同一です。タイプ的同一性はトークン的同一性と対になる概念で、かいつまんで言えば、前者は種や性質の同一性に、後者は個体の同一性にあたります。たとえば、この机とタイプ的に同一な机は、この机を購入した店にもたくさん残っているでしょう。しかし、この机とトークン的に同一な机は、まさにこの机だけです。あるいは別の説明をするなら、たとえば「トマト」という文字列には「ト」のトークンが二つありますが、タイプとしての「ト」は一つ（つまり一種類）しかありません。

水はH_2Oである、のような自然種同士の同一性は、どれもタイプ的な同一性です。心と脳がタイプ的に同一だとすれば、特定の心の状態Mは特定の脳状態Bと、水＝H_2Oのような関係をもつことになります。状態Mが存在するところには必ず状態Bが存在しますし、その逆もつねに成り立ちます。また、水がさまざまな場所に別々のトークンとして存在できるように、状態M（すなわち状態B）もさまざまな人物の脳の中に別々のトークンとして存在できます。

†心の場所

心脳のタイプ同一説は、一見、明快な学説です。ところが細部を検討し始めると、よく分からない点がいろいろと出てきます。たとえば、その同一性はそもそも、どうやって確認されるのでしょうか。稲妻や水について行なったように、時空的位置の同一性に基づいて――あの「顕微鏡の科学」によって――両者の同一性を知ることはできません。なぜなら、心の状態Mには、時空的位置がないからです。

時空的位置がない？　この言い方はきっと反発を招くでしょう。たとえば、私の視野は今、この教室を捉えており、また、時計が午後二時を指しているのも見えます。ということは、私のこの心の状態は、某日午後二時のこの教室に位置しているのではないでしょうか。そしてそれは、私のこの脳状態が位置する時間・場所と同一ではないでしょうか。

いや、そうは言えません。私の視神経を延長して隣の教室に眼球を置いたら、私は（私の脳や身体は）この教室にいながら、隣の部屋を見るでしょう。これはSF的な想定ですが、現在の科学技術でも類似の状況を得ることはできます。この話は、聴覚にも触覚にも当てはまりますから、感覚が捉えた対象（たとえば教室）の場所をもって、心の場所とすることはできません。時間についても同様です。時計が午後二時を指しているのが見えるからといって、その心の状態が、同じ午後二時にあるとは言えません。その映像を一時間遅れで午後三時に知覚することは十分に可能でしょう。

後で意識の話をするときに、より丁寧に考えることにしますが、たとえば、あなたの隣で泣いている人物の心がどこにあるのかを考えてみてください。その人物の一人称的な心が、この机のように、特定の時間・場所に位置しているのが見えるでしょうか。そんなことは、けっしてありません。その意味での他人の心は、そもそも本当に存在しているのかさえ確認できません。目の前にあるのは、身体やその周辺の物理的環境だけです。

タイプ同一説には、より形式的な疑問もあります。特定の心の状態Mが特定の脳状態Bとタイプ的に同一だとすれば、状態Mは、状態Bなしには絶対に存在できないわけですが、心脳関係の理解として、この制限は厳しすぎます。というのも、私たちが心の状態として理解するもの——たとえば指先が痛い状態——は、ただ一種類の脳状態だけではなく、より幅広い種類の脳状態と対応することが求められるからです。

心の状態Mは、それぞれ構造的に異なった脳においても、同一の心の状態として実現することが期待されます。つまり、異なったタイプの脳状態においても——私と幼児の脳はだいぶ異なるでしょうし、一部を人工物に取り換えた脳などはさらに異なるでしょう——、同一タイプの心の状態が実現してほしいのです。

あるいは、これに関連した次の問題もあります。もし、心脳のタイプ的同一性が先述の意味で厳密に成り立つとすると（その場合、心の状態を表現する言語は、はるかに細密になるはずですが）、心の状態も脳状態と同様、原理的に、物理学の法則の支配下に置かれます。つまり、「心は自由な選択力をもつが、物質は法則に支配されている」と考える余地はなくなり、心の状態の移り変わりも完全に法則的なものとなるのです。

†行動主義と機能主義

心と脳の場所を照らし合わせることができない、という問題に対し、行動主義と呼ばれる一つの応答があります。私たちはすでに、〈意味の貨幣〉の議論などで、行動主義に触れました。「行動主義」は哲学だけでなく心理学においても用いられる呼称で、さまざまなバージョンがありますが、とくに簡明なバージョンによると、心の状態とは何らかの行動の状態そのものです。つまり、心とは身体的なふるまいであり、たとえば「指先が痛い」という心の状態は、指先を止血しながら、うめき声をあげ、涙を流す、といった行動の状態に還元されます。

行動主義が正しいなら、心の時空的場所の問題は解消しそうです。行動する身体の位置する場所が、心の位置する場所だからです。行動主義は、心の三人称化と言ってよいでしょう。一人称的な意識はそこでは完全に無視され、意識について語る場合も、意識についての三人称的な報告――つまり発話や筆記などの行動――のみが問題とされます。心とは、三人称的に観察可能な行動であり、それ以外の何ものでもないわけです。

とはいえ、この種の素朴な行動主義には、明らかに限界があります。さきほどの「指先が痛い」にしても、これと対応する身体的ふるまいを正確に限定することは困難ですし、「水が飲みたい」や「彼が犯人だと信じる」のような欲求・信念に関わる心の表現については、なおさらです。なぜなら、そうした欲求や信念は、観察可能な行動に現れない場合があるためです。

ライルの著書『心の概念』に代表される、行動の傾向性に注目した行動主義についても触れておきましょう（↓講義1：概念分析としての哲学）。その見解によれば、心についての各種表現は、物質のようにどこかにあるものや、因果的に何かをひき起こすものを指す表現ではありません。心についての表現は、ある状況下での行動の傾向性を表すものだとされます。たとえば「水が飲みたい」という表現は、もし目の前に水があり、水を飲むことを妨げる事柄がなければ、水を飲むだろう、といった傾向性の表現だというわけです。これが本当なら、実際の行動に現れない欲求・信念についても、傾向性によって説明できるかもしれません。

哲学史的には、このライル風の行動主義は、タイプ同一説の前に現れました。そこにはいろいろな問題（傾向性の記述から心理的表現を完全に排除できるか等）があったのですが、今回の講義の流れをふまえると、心が因果的役割をもたないことが最大の争点と言えるでしょう。ライル自身は、心の因果性を拒否するからこそ自説には価値がある——因果的かつ実在的なものとして心を捉えるカテゴリー・ミステイクを避けられる——と考えたわけですが、多くの人々は、これを受けいれがたい見解と見なしたのです。

タイプ同一説の後に現れた「機能主義」と呼ばれる見解は——主唱者はヒラリー・パトナムなど——行動主義の子孫だと言えますが、ある重要な違いをもっています。まず、心の状態を特定の身体的ふるまいと単純に同一視することはしません。そして、ライル風の行動主義のように心から因果性を奪うこともしません。むしろ機能主義によれば、心とは因果的な機能だとされます。

指先をナイフで切る、という出来事をAと呼び、指先を止血し、うめき声をあげ、涙を流す、といった行動をBと呼ぶことにしましょう。このとき、指先が痛いという心の状態は、Aを原因とし、Bを結果とする、機能的状態として理解されます。比喩的なイメージとしては、Aを入れるとBが出てくる機械の箱のようなものです。

機能主義の長所は、心の因果性を維持するだけでなく、タイプ同一説のような厳密な同一性を心脳に要求しない点にあります。ほとんどの機能主義者は、因果的機能としての心の状態が、脳に代表される物質によって――物質以外の何かによってではなく――実現されると考えました（この唯物論的な好みは、機能主義そのものではなく自然科学主義から来るものですが、いまはその点には触れません）。しかし、タイプ同一説のように、あるタイプの心の状態があるタイプの脳状態と同一である、とは考えません。先述したような、入力／出力の因果的機能を果たすなら、その機能を実現する物理的機構はどんなものでもよいのです。

そのため、タイプ的に異なるさまざまな脳状態が、同一の心の機能を実現することも可能です。私と幼児の脳の構造がかなり異なっていたとしても、それぞれの脳において、指先が痛いという心の状態が機能として実現しうるというわけです。この考えを拡張すれば、猿や猫の脳においても、あるいはロボットに積まれたコンピュータにおいても、指先が痛いという状態が実現する余地があります。心の哲学で使われる表現で言えば、心の「多重実現」が可能なのです。

†クオリアの問題

どの哲学的領域でも言えることですが、心の哲学ではとくに、学説同士の勝ち負けの観点から哲学史を捉えないほうがよいでしょう。つまり、行動主義はタイプ同一説によって破られ、タイプ同一説は機能主義によって破られる、といった観点からは。というのも、これらの諸説にはそれぞれ長所・短所があり、相互補完的にそれらを比べることで、心とは何かが見えてくるからです。いまから、機能主義を脅かすものとしてのクオリアの問題を取り上げますが、これについても同様です。

クオリア（qualia）は主観的な感覚の質のことで、「感覚質」と訳されることもあります。クオリアは、トマトを見たときのあの赤さそのもの、とか、虫歯のときのあの歯の痛さそのもの、といったように、何らかの感覚に「そのもの」という語を添えて説明されることが多いのですが、この苦しい説明には理由があります。

だいぶ前の講義で触れた、赤色と緑色が逆転して見える思考実験を思い出してください（→講義2：意味のイメージ説）。二つの色の見え方が逆転していても、それぞれの見え方への表現や反応も逆転していたら、見え方の逆転はけっして表面化しない――。これが、あの話の要点でした。この話の中で「見え方」と言われているものが、感覚そのものとしてのクオリアに対応します。つまり、この見え方の逆転の話は、クオリアの逆転の話として読み換えることが可能です。

クオリアの説明が困難なのは、機能的にはそれが定義不可能だと考えられているためです。赤色のクオリアは、赤色に関する応答の機能に——あの逆転の話のように——まったく影響を与えていません。赤色のクオリアが緑色のクオリアと入れ替わっても、そのことは三人称的に観察できませんし、また、そのことで何らかの機能が阻害されることもありません。たとえば、赤信号を見て足を止める、といった機能も、阻害されることはないのです。

そのため、クオリアとは何かを言葉で説明するというのは、もともと無理のある課題です。ここでは、肩を叩いて共感を得るような、こんな言説に頼らざるをえません。「僕が赤いものを見るときには、ほかの感覚の質とは明らかに異なる、独特の感覚の質がある。まさに、赤さそのもの、と言いたくなるようなものが。——君だってそうだろう?」

クオリアはこの点で主観的なものですが、次の点に注意してください。赤色のクオリアが主観的だ、というのは、赤色について人それぞれの思い入れがあるとか——たとえば私は赤色を闘争的な色に感じるとか――、そういった話ではありません。そういった解釈の主観性ではなく、赤色の赤さそのものの主観性について語りたいのです。もちろん、このような補足もまた、どこまでいっても「肩を叩く」言説ではあります。本来なら、私は私以外の人々がクオリアを所有しているか、分かりません。「君だってそうだろう？」との発言も、結局は推測にすぎないのです。

†いくつかの道

とはいえ、他人が怪我をしたときにも自分が怪我をしたときと同様の「あの感覚」があると信じるなら、他人がクオリアをもつことを信じていると言えるでしょう。この点については後でまた触れるとして、ひとまず、クオリアとは何なのかが通じたという前提で話を続けます。

クオリアがさきほど述べたようなものなら、それは因果的な機能をもちません。当然、クオリアは機能主義的な心の説明から、抜け落ちることになります。指先を切るという入力（原因）と、止血するといった出力（結果）を繋ぐ箱の内部に、クオリアは必要ないのです。赤色のクオリアが緑色のクオリアと逆転していても、それどころか、クオリアがまったく存在しなくても、色にまつわる諸機能は完全に同一のものとして維持できます。

実際、脳の科学的研究は、クオリアなど必要とせずに進められていると言えるでしょう。視神経への物理的刺激がどのような脳の変化をひき起こし、そして、どのような身体動作がひき起こされるか。こうした因果的機能の探究こそが重要であり、赤色の感覚そのものなどは、研究過程のどこにも出てきません。

同じことは、医療のほうが分かりやすいでしょう。医者は患者の痛みを和らげますが、しかし、痛みの感覚そのものを観察し、消しているわけではありません。結果として得られるのは、「痛みが和らいだ」という発言や、穏やかな顔の表情や、軽快な歩行などであり、これらはすべて、物理的かつ三人称的な身体運動なのです（そして投薬や手術もまた、物理的かつ三人称的に実行されます）。

クオリアが本当にあるとしても、それは因果的機能をもちませんから、機能主義の外部に置かれます。ここで私たちの前には、大きく四つの道があるでしょう。（1）それゆえに機能主義には不備がある、とする道。（2）クオリアも何らかの因果的機能をもつ、とする道。（3）クオリアの存在を否定する道。そして最後に、（4）クオリアは随伴現象であってよい、とする道（随伴現象については後述します）。

これら四つの道については、今日も入り組んだ議論が続けられています。とくに（1）と（2）については、機能主義と異なる新たな心脳関係の理解や、非因果的なものではない新たなクオリアの理解が求められるため、議論の細分化はかなりのものです。そこでは多くの分析的手法が用いられていますが、とりわけデイヴィドソンやキムといった哲学者の影響により、スーパーヴィーニエンスという、諸性質間のある関係を表す概念がよく使われています。それがどのような概念かについては、後で少しだけ紹介しましょう（スーパーヴィーニエンスはもともと倫理学の文脈で導入された概念で、今日では心の哲学を含むさまざまな領域で活用されています）。

（3）はシンプルな解決ですが、クオリアを完全に消去することは、きわめて高い代償でしょう。それは多くの人々に、強い直観的な拒絶をひき起こすからです。ポール・M・チャーチランドらに代表される「消去主義」の見解では、クオリアはもちろん、欲求や信念といった心の状態もまた、非実在的なものと見なされます。それらは消去されるべきものであり、心についての表現のすべては、より適切な、物理的表現に置き換えられるだろう、というのです。

†随伴現象説

残された（4）に目を向けましょう。心が因果的機能でありながら、しかし、クオリアが因果的機能をもたないとすれば、どうなるでしょうか。クオリアは心の働きにいっさい関わらないことになります。それは存在するけれども、ただ存在するだけ、というわけです。この場合、赤色のクオリアは、赤信号を見て足を止めるときにも、「赤い花をください」と告げて花を受け取るときにも、クレヨンで赤い夕陽を描くときにも、何の役割も果たしていません。それは、物理的機構によって実現された因果的機能に、ただ付き従っているだけなのです。

これは「随伴現象説」と呼ばれる、古くから——現代的な心の哲学の成立以前から——問題視されてきた見解によく似ています。今日では、物理的世界の因果的閉鎖性を前提として、随伴現象説が論じられるのが普通です。つまり、事物の因果的な繋がりは物理的世界で完結しているので、非物理的かつ非因果的なクオリアは、物質にただ随伴することしかできない、というわけです。

クオリアに関する随伴現象説も、クオリアの消去説に劣らず、直観的な反発を招くものでしょう。たとえば、歯の痛みそのものは――クオリアとしては存在するのに――、頬を抑えたり、涙を流したり、歯科医に向かったりするといった動作をひき起こしていない、というのですから。

また、ここには次の疑問も浮かびます。もし本当にクオリアが随伴現象なら、どうしてクオリアの存在について、私は話ができるのでしょうか。というのも、クオリアの話をするには口や手を動かす必要がありますが（発話や筆記）、こうした動作もまた物理的運動ですから、クオリアの存在とこれらの運動がどう繋がっているのかが謎なのです。それは因果的な繋がりではありえませんから、ここには説明が必要です。

随伴現象としてのクオリアについては、『意識する心』（一九九六）という本のなかで、デイヴィド・J・チャーマーズが有名な思考実験を行なっています。脳を含めた私の身体の完全な物理的コピーを作ったとしましょう。このコピーは機能的には、私とまったく同様にふるまいます。食事も運動も演奏もできますし、もちろん会話だってできます。ところが、このコピーにはクオリアがありません。脳や身体の物理的機能にクオリアが随伴していないのです。チャーマーズはこのような、クオリアをもたない物理的コピーとしての人間を「現象ゾンビ」と呼びました。

クオリアが因果的に無力な随伴現象にすぎないなら、私が現象ゾンビに変わっても、他者には絶対に気づかれないでしょう。もしだれかに「痛みの感覚そのものがあるか」と問われれば、そのゾンビは「ある」と答えるでしょう。なにしろ彼は機能的に私とそっくりなのですから、クオリアの欠如によって、私と違う反応を見せることはないのです。

チャーマーズは、現象ゾンビが想定可能であることから、随伴現象の「随伴」がどのくらい必然的なものなのかを検討します。身体の物理的コピーには、意識（クオリア）が必ず随伴するのかどうか。あるいは、身体の物理的性質の変化なしに、意識の諸性質が変化しないことは必然的か。これがチャーマーズの問いです。先述したスーパーヴィーニエンスの概念を使うと、この問いは次のように表現できます。「意識の諸性質は、身体の物理的諸性質にスーパーヴィーンするか」。

ちなみにスーパーヴィーニエンスには定まった日本語訳がありません。「付随」などの訳語もありますが、こうした日常語の転用は、この概念の特殊な様相性を見逃しやすくするでしょう（随伴現象における「随伴」と混同されてしまう等）。個人的には、この「付随」の必然性をより強く意識させる訳語、たとえば「必随《ひつずい》」などの訳語が広まると議論がしやすいと思います。

†もう一つの仕事

心の哲学の文脈にスーパーヴィーニエンス概念をもちこんだのは、デイヴィドソンの論文「心的出来事」（一九七〇）ですが、あの『名指しと必然性』の末部でも、深く関連する話題が取り上げられています。次の引用文中の「神」は、宗教的ニュアンスを含まない比喩として読んで差し支えありません（八木沢敬＋野家啓一訳、産業図書、一八〇頁、中略引用者）。

世界を創造しつつある神を想像していただきたい。熱と分子運動の同一性を成立させるために、神は何をする必要があるだろうか。その場合神は、熱、すなわち分子運動そのものを創造するだけでよい、と思われよう。もし燃えさかる火があるならば、たとえそれを見る観察者がだれもいないとしても、地球は熱いであろう。〔……〕とすれば、分子運動と熱との同一性は実質的な科学的事実であり、単に分子運動を創造するだけでなく、さらに分子運動を熱にするという仕事が神にはまだ残されている、とわれわれに思われるのはなぜだろうか。この思いは確かに錯覚であるが、神にとって実質的な仕事であるのは、分子運動を熱として感じさせるという仕事である。このために神は、感覚をもつ存在者を創造し、分子運動がそれらの内に感覚Sを生じさせるように保証してやらねばならない。

クリプキは、脳内のC－繊維の刺激などの物理的状態と、痛みなどの心の状態を同一視する類いの哲学説（意図されているのはタイプ同一説でしょう）に対し、次のように訴えます――。C－繊維刺激を痛みに対応させるには、神はC－繊維刺激を受ける生物を造るだけでなく、その生物にC－繊維刺激を痛みとして感じさせなければならない。その刺激を、むず痒《がゆ》さや暖かさとして感じさせたり、あるいは何も感じさせなかったりしてはならない。

C－繊維刺激をむず痒さとして感じさせたり、何も感じさせなかったりするという想定は、クオリア逆転や現象ゾンビの想定と類比的です。ここで指摘されているのは、痛みとC－繊維刺激との対応が偶然的であるということです。もしこれが事実であり、「痛み」と「C－繊維刺激」が固定指示子であるなら、『名指しと必然性』の構図において、痛みとC－繊維刺激は同一ではありえないでしょう（もし同一であったなら、必然的に同一となってしまうので）。

†他我問題と人称二元論

駆け足ながら、心身問題とクオリア問題を中心として心の哲学の展開を追ってきました。最後に考えてみたいのは、他我問題が以上の話にどう関わっているのかです。

他我問題はこれまでの講義にも——さきほどクオリアを論じた際にも——さまざまな姿で現れていました。他我問題とは、他人の主観的な心の問題です。素朴な実感として私は、他人の心を認識できないのに、それがあると信じています。それも、機能としての心ではなく、意識すなわちクオリアに満ちたものとしての心が、です。でも「信じている」とはいうものの、それは厳密にはどういうことでしょうか。そもそも、他人のクオリアとは何なのでしょうか。

ジョン・サールは志向性の研究で有名な哲学者ですが、彼は志向性の問題を通じて、言語哲学から心の哲学に研究の場を移しました。このサールが『MiND　心の哲学』(二〇〇四)という本の中で面白いことを書いています。この本は「よく知られている理論、しかも影響力のある理論が、そもそも全部誤っているという点で、心の哲学は、哲学のなかでも類を見ないテーマである」との宣言で始まり、サールなりの見解が示されるのですが、それを私なりに要約してみましょう。

——心は因果的には物質（とくに脳）に還元できるが、存在論的には還元できない。心が一人称的な存在論をもつのに対して、物質は三人称的な存在論をもっており、一人称性は三人称性に還元できないからだ。そして、ここで重要なのは人称性の違いであって、心物の区別ではない。古くからの心物の区別は曖昧で、しかも有害とさえ言える。心が延長（空間的広がり）をもたないとか、物が志向性をもたないとかいった前提は、捨て去られるべきであり、そうすることで両者の対立もなくなる——。

サールは現象ゾンビについても、こんなふうに論じます。——現象ゾンビが可能だとする説は、一人称的な存在論が三人称的な存在論に還元できないことを示すという点では正しい。現象ゾンビは物理的なコピーなのだから欠けているもの（一人称性）など何もないと結論するのは間違っている。しかしそこから、心と物質（脳）は異なるものだと結論してはならない。心は因果的には物質に還元され、心の働きはその点で、科学的に解明可能だからだ——。

以上のサールの見解に、私は基本的に賛同します。ただ彼は『MiND　心の哲学』において、問題の入口を発見したに留まり、そのなかに入ってはいません。そして入口を出口と錯覚したために、心物の区別を捨て去っただけで心身問題は解けると誤解したのです。

いま私たちが見たのは、心身問題がそれ自体としての輪郭を失い、他我問題（人称の問題）へと融解していく過程です。サールの議論では一人称性と三人称性がともに確保されますが、両者の関わり合いについては何も述べられておらず、他我問題も完全に放置されたままです。そしてサールは、心物二元論（世界は心と物という異なる存在から成る）を退けつつも人称二元論とでも呼ぶべきものに近づいているのです。

サールの見解が正しいなら、私たちは次の問いに直面するでしょう。

「なぜ特定の三人称的対象のみが一人称性をもち、他の対象はそうではないのか」

この問いはもちろん、倒したはずの心身問題の亡霊です。随伴現象について、なぜ口や手を使って報告（発話・筆記）できるのか、という先述の問いも、姿を変えて復活するでしょう。つまり、たとえ心が因果的に三人称的な機構に還元されても、一人称性が三人称性に還元できないのなら、次の問いに答えざるをえないのです。

「なぜ三人称的な因果的機構を通じて、一人称性について報告できるのか」

随伴現象説はいまや随伴一人称説に姿を変えて、心身問題を再構築します。そして現象ゾンビの想定可能性は、心身問題と他我問題の融解によって、その厄介な本性を現します。

私の物理的コピーがクオリアをもたないことが可能に見えるのは、その因果的機能のすべてがクオリアなしに実現できるからでした。しかし、因果的機能が三人称的（すなわち物理的）観点で捉えられるものである以上、三人称的観点においてクオリアが不要であるのは、その人称性からいって自明なことです。クオリアが存在するとは、サール的な見解から言えば、一人称的であることにほかならないからです。

それゆえサールが答えと呼ぶものは、答えではなく明らかに議論の出発点です。三人称的存在論と異なる、一人称的存在論とは何か——。これが問題の核心であり、そこで「肩を叩く」ような説明をするなら、クオリアの問題は一つも減っていません。そして、一人称性と三人称性の因果的断絶において、心身問題も無傷のままなのです。

講義9　時間と自由

†意味と同一性

　連続講義も今回で終わりです。扱えなかった話題も多いですが、これまでの内容を咀嚼《そしやく》できた方なら、分析哲学のどの領域の本も自力で読み進めていけるでしょう。とくに意味と同一性という、これまでの講義の主役とも言える概念に、注意深く対処できるでしょう。このことは、分析哲学のどんな議論を理解するときにも必ず役立ちます。

　たとえば倫理（道徳）の分析哲学においては、「善」の意味や同一性が重要です。私たちは普段、さまざまな行為に倫理的評価をくだしていますが、その評価の下敷きとなる善とは何でしょうか。その意味や同一性は、どのように理解されているのでしょうか。この点での不一致はしばしば、議論の根本的なすれ違いを生みます。平等はそれ自体の特性として善であると考える人と、法的な取り決めによって善であると考えている人が、その違いに気づかずに議論する場合などを考えてみてください。

ところで、いま私は「意味と同一性」と言いましたが、この並べ方は不正確だったかもしれません。これまでの講義を振り返ると、まず意味の問題があり、それが意味の同一性の問題に転じ、そこから、対象の同一性、規則の同一性、行動の同一性といった問題が芽を出していったのが分かります。そしてこの過程において、言語と存在の話が結び付いたわけです。心の哲学のような個別の領域でも、そのことは変わりません。

今回のテーマである時間の哲学においても、同様の移行が確認できるでしょう。ところで最終回にこのテーマを選んだ理由は、それが分析形而上学や科学哲学の良い実例であり、これまでの議論の多くとも関連をもっているからですが、それだけでなく、私自身がとくに強い興味を抱いてきたテーマだからです。「あの教授の講義に学生たちが興味をもたないのは、教授自身がその内容にすでに興味を失っているからだ」という一文を以前どこかで読んだことがありますが、できれば、これとちょうど反対の状況がもたらされることを願っています。この一連の講義の後で皆さんに伝わっていてほしいのは、知識よりもまず、興味だからです。

†時間の形而上学

時間にとっての最大の謎は、それが流れているということです。あるいは、もう少し慎重に言うなら、それが流れているように思われることです。流れるものとしての時間の理解は私たちの思考の中核にあり、日常会話においてはもちろん、科学の数式を読むときなどにも、思考の行先を誘導します。そして、そのことによって私たちは、しばしば論理的な混乱に陥るのです（後でその実例を見ましょう）。

時間の流れは、「今」が時間軸上を動いていくイメージのもとで理解できます。哲学的にはこの段階においてすでに検討を挟む余地があるのですが——たとえば時間を時間軸という直線で描写することに関して——、まずはこのイメージのもとで時間の流れを論じさせてください。そこで直面する問題の多くは、たとえこのイメージを拒否した場合にも、別の枠組みのもとで再現されるからです（たとえば、今とは動くものではなく未来のわき出す源泉なのだ、といった比喩を用いても、本質的な問題は消えません）。

時間軸の上を今が動き、それにつれて物事が変化する。たとえば一八七〇年某日から一九〇五年某日へと今が移行することで――つまり一八七〇年某日から一九〇五年某日へと時間が流れることで――、幼児であった夏目金之助は小説家夏目漱石になる。これは常識的な見解でしょう。しかし、この見解を擁護することは、実はきわめて困難です。今とは何であるかについて、整合的な理論が存在しないからです。

単純かつ深刻な問題として、今を観察することはできません。観察される世界のなかに、今にあたるものは見出せません。たとえば、皆さんは今、分析哲学の講義を聴いているわけですが、この講義室のどこかに今にあたる何かがあるでしょうか。時計を見てもカレンダーを見ても、そこに今はありません。時計が今何時かを教えてくれるのは、それを見るのが今だからであり、時計自体が今とはいつかを知っているからではないのです。のちほど説明する構図で言えば、時計とはそれを見たのと同時点の時刻を教えてくれるものであり、この同時性の関係は「無時制的」です。

「今を観察する」という表現には、根本的な奇妙さがあります。私は過去や未来を直接観察することはできず、今の世界しか観察することはできませんが（過去を調査するのも未来を予測するのも、今の世界での経験です）、しかし、今そのものを観察することはありません。私は、今において世界を観察するのであり、世界において今を観察するのではないからです。

この問題には後で立ち返るとして、言語表現の観点からも、時間の流れの奇妙さを見ておきましょう。某日の午後三時が今であるときから時間が流れ、同じ日の午後四時が今になったとします。つまり、某日午後三時から某日午後四時へと、今が移行したわけです。しかし、この移行は本当に言語で表現可能なのでしょうか。

「某日午後三時に始まった会議が、某日午後四時に終わった」とか「某日午後三時に足元にいた猫が、某日午後四時に窓辺にいる」のような表現と同じように、今の移行を表現することはできません。もし、同様にそれを表現するなら、「某日午後三時に某日午後三時に位置していた今が、某日午後四時には某日午後四時に位置している」のように言わざるをえませんが、某日午後三時に今が某日午後三時にあり、某日午後四時に今が某日午後四時にあるというのは、無内容な同語反復でしょう。

「いや、そうではなく、今は某日午後三時から某日午後四時へと移行したのであり、さきほどの表現で言いたかったのは、この移行なのだ」

そう反論したくても、次の再反論が待っています。「今が移行したと言うが、その移行の速さはどれだけなのか。某日午後三時から某日午後四時までを、どれだけの時間をかけて移行したのか」。この問いに「一時間」と答えることはできません。それでは「一時間を一時間で移行した」と答えることになりますが、これはまるで「一メートルを一メートルで移行した」というのと同じくらい、おかしな表現です。

†マクタガートとダメット

今の移行と、記述との衝突。この問題に関しては、哲学者J・M・E・マクタガートの論文「時間の非実在性」（一九〇八）がよく引き合いに出されます。現代の哲学的時間論の多くはこの論文に影響を受けていますし、国内でも、とくにここ一〇年ほどの間、たくさんの解説や分析が書かれています。

マクタガートの論文は錯綜《さくそう》しているので、今回は、分析哲学の文脈でのマクタガート解釈の一つを取り上げることにしましょう。ただし、その解釈がマクタガート自身の狙いを十分に再現できているかを論じるのではなく、時間そのものへの考察として、この解釈を検討するのが目的です。また、これまでの講義からも明らかですが、すべての分析哲学者がこの解釈と同意見であるわけでもありません。分析哲学は一種の道具であり、その道具で何をするかは自由ですから、同様の分析的手法から別々の結論が導き出されるのはよくあることです。

取り上げるのは、マイケル・ダメットの論文「マクタガートの時間の非実在性証明を擁護して」(一九六〇)です。マクタガートの議論から、ダメットは二つの見解を読み取ります。第一の見解は、「時間のなかに存在するものは、状況依存的な表現なしに完全な描写をすることはできない」というものです。

状況依存的な表現とは何かを、まず空間を例にして考えてみましょう。私たちは今、北緯三四度、東経一三一度にいますが、この「北緯三四度、東経一三一度」という表現は、使用状況によって意味を変えません(もちろん、暗号として用いるような、きわめて特殊な状況は除きます)。他方、「ここ」という表現は、どこでそれを使うかによって意味を変えます。同様に、「北」や「東」といった表現は状況によらず同じ方向を指しますが、「前」や「右」は状況によって(どちらを向いて使用するかによって)意味を変えます。

人間や時間についても、これら二種類の表現があります。私の名前は青山拓央ですが、「青山拓央」が状況に依存しない表現なのに対し、「私」は状況に依存する表現です。今は二〇一一年六月一日午後一時ですが、「二〇一一年六月一日午後一時」は状況に依存しない表現であり、「今」は状況に依存する表現です。「今日」「昨日」「明日」のような表現も、

「〜している」「〜していた」「〜するだろう」のような時制表現も、それをいつ使うかで意味を変化させますから、やはり状況依存的な表現です。

マクタガートが今の移行を重視した理由を、ダメットはさきほどの見解に求めます。そこで言う「時間のなかに存在するもの」とは、あらゆる具体的な出来事のことです。ダメットは彼の論文の読者に、こんな問いを投げかけます——。宇宙の誕生から終わりまで、歴史上のすべての出来事をいっぺんに（あるいは好きな順番で）観察できる人物がいたとして、その人物は、出来事の時間的な推移を観察できるだろうか？

ダメットの答えは否定的です。いま想像した人物は、時間と空間が組み合わさった四次元的な地図のなかに、あらゆる出来事が位置づけられているのを見るでしょう（物理学におけるミンコフスキー時空のように）。しかし、そのときでさえ、それらの出来事のどれが今、現実に起こっているのかは分かりません。同様に、どの出来事がすでに終わった出来事であり、どの出来事がこれから起こる出来事なのかも分かりません。四次元地図はその意味で静的であり、時間のなかに存在するものの完全な描写とは言えないのです。

ダメットの意図をつかむために、こんな例で考えてみましょう。この四次元地図のなかには、あなたの一生も記されています。あなたがいつどこで誕生し、どんな出来事に遭遇し、いつどこで死ぬかも記されているわけです。しかし、たとえそれらのことが分かったとしても、今あなたが生きているのかどうかは分かりません。これはちょうど、あるCDが再生されているとき、そのCDに刻まれた情報だけを見てもCDのどこが再生されているか分からない——音楽の内容はすべて分かるのに——ことに似ています。

†実在の完全な描写

ダメットがマクタガートの論文から読み取った、もう一つの見解は次のものです。「実在するものには、それについての完全な、観察者から独立した描写がある」

空間的な描写に関して、ダメットはこんな例を挙げます。「私はある岩をいろいろの角度から描くことができる。だが、もしその岩の本当の形を言えと求められるならば、私は、それが見られる角度から独立の三次元空間内のものとして、その岩の描写を与えることもできるのである」(『真理という謎』所収、藤田晋吾訳、勁草書房、三七九頁)。

第二の見解はもちろん、空間だけでなく時間に関しても観察者からの独立を求めています。実在の完全な描写——そこで筆頭に挙がるのは物理的な描写でしょう——は、空間的にも時間的にも、どこからでもない眺めのもとで実現されなければならないのです。同じことを、こう言い換えてもよいでしょう。実在の完全な描写は、「ここ」や「今」といった特別な視点を含まないと。

さきほど私は、今を観察することはできないと述べました。今の世界を観察することはできても、世界のなかに今を観察することはできません。これは、ありのままの事実なのですが、あまりにも当たり前であるためにかえって意味が分からない方も多いでしょう。そこで別の角度から、同じ事実を考えてみます。まず、ある時刻の世界のデータをすべて物理的に書き出したとしましょう（相対性理論が気になる方は、任意の系を中心に同時性を定めてかまいません）。そして、別の時刻の世界のデータも同様にすべて書き出したとします。さて、この二つの時刻のうち一方が今であったとして、はたして、どちらが今であるのかをさきほどのデータから判断できるでしょうか。

世界の客観的な物理的データは、状況依存的な時間表現をいっさい必要としません。そこでは「二〇一一年六月一日午後一時」のような表現によって日時は指示され、また、出来事と出来事との順序関係も、「出来事Mは出来事Nの以前である」のような表現で記述されます。これらの表現は状況に依存しておらず、時制的な関係を含んでいない点で、無時制的だと言えます。

物理的データの記述は、なぜ無時制的なのでしょうか。そうした無時制的記述は、時間とともに真偽を変化させません。もし「出来事Mは出来事Nの以前である」が真であるなら、それはつねに真なのです。他方、「ベルリンの壁は去年崩壊した」のような記述は、時間とともに真偽を変化させます。こうした時制的記述は状況依存的であり、観察者から独立した客観的世界の実像を捉えるうえでは不適切なのです。

世界の物理的データが無時制表現によって記述されている以上、どれほど正確なデータがあっても、今がいつかは分かりません。これは、物理的データが不完全だからではなく、そもそも、今なるものに客観的な意味を与えることが困難だからです。世界の状態についてのデータというかたちで、今とは何かを記述することはできません。たとえば、分子が特定の配列になったら、そのときは今であり、そうでないときは今ではない、などというのは馬鹿げているでしょう(もし、そんなことがありうるなら、分子が特定の配列になっている時間は永久に今であり続けるのでなければなりません)。

ダメットの第二の見解(実在するものには、それについての完全な、観察者から独立した描写がある)は、彼の第一の見解(時間のなかに存在するものは、状況依存的な表現なしに完全な描写をすることはできない)と明らかに対立的なものです。「観察者から独立した描写」

とは、状況依存的でない描写にほかなりませんから、二つの見解がともに正しいなら、時間のなかに存在するものは——ひいては時間は——実在しないことになってしまうでしょう（矛盾したものが実在しないならば）。

マクタガートによる時間の非実在性の証明とは、このことであるとダメットは考えています。このマクタガート解釈の是非はともかく——そこには疑問もあるのですが——、ここでダメットが重要な問題を提起していることは間違いありません。

なお、以上の議論の後にダメットが示唆したのは、第一の見解を維持しつつ、第二の見解を拒否する道でした。つまり、時間のなかにあるものは状況依存的に描写せざるをえないが、しかし、実在するものについて、完全かつ状況非依存的な描写があるとは考えない道です。もしこれが本当なら、実在の描写はつねに不完全であり、時間の流れとともに変化していくことになります。つまり、真でも偽でもなかった命題が、時間が流れることで真や偽になっていくわけです（この発想は、ダメットによって再定式化された「反実在論」の考えに繋がっています）。

問題を整理しておきましょう。さまざまな論点が出てきましたが、その中心にあるのは、今は本当に存在するのか、という問題です。今という、他の時点とはまったく違うあり方をした時間軸上の一点。もし、そんなものが存在しないなら、今の移行——その意味での時間の流れ——も存在しませんし、実在の描写の完全性も擁護されるでしょう。今を観察することができるかという問いも、今の移行を記述できるかという問いも、当然、解消するでしょう。

これまでに私たちは、今の存在を信じるうえで不利な情報をいくつも得てきました。認識においても言語表現においても、あるいは物理的な実在の描写においても、今が存在するという考えは明らかに厄介ものなのです。ただ一つ、今の存在を擁護する方向性を見せたのは、ダメットが彼の第一の見解を提出した際の論述です。もしあの論述が正しいなら、完全な四次元地図が描けたとしても、その描写は時間を取り逃がしています。なぜなら、その地図上のどの出来事が今の出来事なのか分からないからです。

このダメットの論述に、けちをつけるのは簡単です。この論述はどう見ても直観的であり、突き詰めれば、今があるとしか思えないから今はある、と言っているにすぎないからです。しかし、「今があるとしか思えない」という直観を、たんなる主観的直観として軽視するのは危険でしょう。そうした軽視は、「今はある」という信念を捨てたときに他の信念に起こりうる変動を、あまりにも甘く見ているからです。

移行する時点としての今がないなら、すべての時点は対等に存在し、どの場所もそこから見れば「ここ」であるように、どの時点もそこから見れば「今」となります。ここで発話されている「今」は、その発話と同時であるという無時制的な意味しかもちません。たとえば「私は今、生きている」というのは、この発話をした時点と私が生きている時点の一つが同時であるという意味であり、それ以上の意味をもたないのです。

今の移行が否定された以上、時間の流れを前提とした過去・未来の区別も維持できません。たとえば、未来はまだ存在せず、過去はすでに存在し終えた、と考えることはできません。この講義を聴いている時点であなたは生きているわけですが、しかし、この講義の時点には何の特権性もないのです。あなたが誕生する前の時点も、二歳の誕生日を迎えた時点も、あなたが死んだ後の時点も、どれも対等に存在しています。

同様に、過去は決定されているが未来は決定されていない——未来はこれから決定されていく――と考えることもできません。あなたがどんなふうに誕生したのかが決まっているなら、あなたがどんなふうに死ぬのかも決まっています。これは、自然法則によって全歴史は決定されているかどうか――いわゆる法則的な決定論は正しいか――といった次元の話ではなく、もっと単純な話です。移行する今が存在しないなら、今の移行に合わせて未決定の事柄が決定されていくという信念は、たんに無意味になるのです。

「今はある」という直観を廃棄し、無時制的に世界を捉えることは、私たちの基本的な信念の多くに劇的な変化をもたらします。たとえば、過去は変えられないが今を変えることはできる、とか、今を変えることで未来をより良いものにしていく、といった常識的信念を維持できなくなるかもしれません。そのときには、責任や有用性についての常識も根底から手直しする必要があります。

それだけではありません。もし移行する今がないなら、日付や時刻の順番どおりに私は出来事を経験している、という信念さえ、その意味するところが怪しくなります。たとえば、この講義の三時間後に、あなたは麻酔なしで歯を抜かれるとしましょう。常識的に考えるなら、あなたは抜歯の苦痛をこれから経験するのであり、それは気の重い話です。しかし無時制的に考えるなら、その苦痛は、この講義の経験とまったく対等に存在しています。抜歯の経験はこれからやって来るのではなく、つねに——無時制的に——世界に存在するのです。

抜歯が終わり、強烈な苦痛が遠のいたとき、あなたは「やっと終わった」と思うでしょう。苦痛が「これから来る」ものではなく、「すでに去った」ものであることに喜びを感じるでしょう。しかし、今が存在しないなら、この感情も錯覚かもしれません。抜歯前の時点から見ても、抜歯後の時点から見ても、ある時点に抜歯の苦痛が存在することは同じであり、そして、その痛みを感じるのは抜歯時点のあなただけです。それ以外の時点のあなたが抜歯時点のあなたになって、痛みを経験するのではありません。時間が流れていない以上、あなたにとっての時間の流れもないのです。

†内部での対立

「今はある」という直観を捨てたとき、他の信念にどれだけの影響が及ぶか？　いま見てきたのは、その一部です。この影響の連鎖は果てしなく、もし本気でそれを追っていくと、狂気とも言うべき世界に近づきます。そこでは、自由、責任、生死といった現実生活でのごく基本的な概念が、常識から著しく乖離《かいり》する恐れがあります。あるいは、原因の後に結果が生じるという常識も、そこに時間の流れが前提されているなら、やはり修正を迫られることになります。

もちろん、科学史を見ても明らかなように、ある時代において非常識な考えが、のちの常識となることもあります。どれだけ常識に反していようと、「今はある」という直観を捨てるべきときが来るかもしれません。ただ、ぜひ理解して頂きたいのは、この直観が私たちの信念体系に予想以上に根深く入り込んでおり、その否定には細心の注意と相当の覚悟がいるということです。

講義室でのみ「今はない」と言うことは、ある意味、簡単なことでしょう。さきほど述べたような、今という概念の欠陥を指摘すれば十分です。しかし、今がないことを心から信じ、生活のどの場面においても、それと整合的な信念をもつことは容易ではありません。そして、ここから先は哲学観の問題ですが、講義室でも商店街でも病院のベッドでも、世界を一つのものとして整合的に捉えたいなら、哲学と日常での二枚舌を使わずに、自由、責任、生死などについての自分の考えを点検し続けなければなりません。哲学用の信念と別に、日常用の信念を保持すれば済む、といった話ではないのです。

時間の哲学の現状を、簡単に紹介しておきましょう。そこでもやはり「今はある」という直観への賛否が、哲学的立場を大きく二分します。今の移行を認める時制的思考と、それを認めない無時制的思考が、対立的な議論を重ねているわけです。

マクタガートの論文以来、この議論には約百年の蓄積があり、どちらの思考にもかなりの支持者がいます。また、この議論には細かなバリエーションもあり、そうしたバリエーションが吟味されていくと、それ自体が時制／無時制の対立とはまた別の対立として検討されることになります。たとえば、対象は各瞬間に三次元的な全体として存在するという考えと、対象は四次元的な全体として存在する――つまり空間的な部分だけでなく時間的な部分をもつ――という考えとの対立は、その代表的な例です。さらに派生的な問題として、対象の通時的な同一性はどんな性質によって規定されるのか、という問題もあります。

哲学と別の分野の専門家はときどき、哲学者はみな自然科学に対立するような結論を求めていると考えることがありますが、もちろんこれは誤解です。クワイン以降の自然主義の台頭によって、今日ではむしろ逆の傾向が強まっていますし、対立するような結論を述べている論者もそのほとんどは、自然科学に敵対的なわけではありません（科学的な前提の一つについて検討した結果、たまたまその結論が出たというだけです）。

時間の問題に関して言えば、自然科学とより整合的なのは、明らかに無時制的な思考です。ときおり、相対性理論の登場によって時制的思考は否定されたと解説されることがありますが、こうした解説には注意が必要でしょう。物理法則そのものに時制的思考が含まれていないのは、相対性理論登場以前のニュートン力学においても同じことです。

相対性理論では時間は観察者（観測系）ごとに相対化されるので、客観的な（どの観察者からも独立な）同時性は意味をもちません。そこから客観的な今の存在も否定されるわけですが、客観的な同時性が意味をもつニュートン力学においても、今という特別な時点は要請されません。たとえば、今を境にして――つまり過去と未来で――物理法則が変化するといったこともありません（客観的同時性の肯定／否定はあくまでも無時制的思考内部での話であり、今の存在の肯定／否定とは原理的に独立しています）。

他方、日常的直観に沿うのは、時制的思考のほうでしょう。日常的直観とはいっても、これをいわゆる社会常識と同一視できないのは、すでに見た通りです。今の移行がもし錯覚であるなら、この錯覚は、人類史上に通底するほどの――人間の思考を人間の思考たらしめるほど重要な――錯覚なのです。全体論の議論でも触れた通り、今の時点での選択によってこれから来る未来をより良いものに変える、という観点が失われてしまえば、「役に立つ／役に立たない」という観点もまた失われてしまう可能性があります。そのとき世界は四次元的な全体として、あるがままにあるからです。

時間の哲学を表面的に見るなら、時制論者と無時制論者の対立によってそれは駆動されてきたと言えます。でもこの対立は、集団と集団の間だけでなく、一人ひとりの時間論者の内部でも生じているに違いありません。時制論者も無時制論者も、相手の思考に無視できない力を感じ、だからこそ言葉を尽くしてそれを批判しているのです。そうした引き裂かれた精神がなければ、この対立にそもそも参入していく強い動機は得られないでしょう（この点は、クオリアをめぐる心の哲学での対立とよく似ています。たとえば消去主義者は、無時制論者に似て見えるでしょう）。

†時間の矢

時制と無時制の間で引き裂かれた精神は、科学の正確な理解も促します。今への直観の徹底的な吟味は、この直観に依存した思考とそうでない思考を鋭敏に見分ける力を与えるからです。その観点から見ると、本来は無時制的に理解されるべき科学の数式が、今への直観が入り込むことで、ときに時制的に理解されていることが分かります。数式そのものに含まれない情報を直観的に付加している点でこれは有害ですし、さらにまずいのは、論者がこの直観の付加を自覚していない場合もある点です。

その具体例を挙げる前に、自然科学や科学哲学の分野で論じられている「時間の矢」の問題を紹介しておきましょう。時間の矢とは、無時制的な世界における客観的な時間の向きのことです。先述の通り、自然科学とより整合的なのは無時制的思考ですが、無時制的に考えるなら、今の移行する方向というものはありません。つまり、未来とは今がこれから向かう方向であり、過去とは今がやって来た方向である、という理解は許されないのです。問題は、こうした状況で時間に客観的方向を与えられるかどうかです。

ここには、物理学の基本法則の時間対称性が深く関わっています。関連文献はのちほど紹介しますが、いま必要な範囲でお話ししておくと、微視的な分子運動についての法則は、時間のどちらの向きについても同様に当てはまります。言い換えると、特定の時間方向への分子運動は、逆の時間方向に向かっても実現しうるのです。この時間対称性によって、時間の矢の確立はきわめて困難な課題となっています。

分子などの微視的な変化ではなく、自然現象の巨視的な変化を見ると、一方向にしか進まない変化がいろいろとあります。たとえば、コップが割れて粉々になることはあっても、その逆はありません。水面の一点から同心円状に波紋が広がることはあっても、同心円状の波紋が一点に向かって集まっていくことはありません。そのほかにも、ぬるま湯が冷水と熱湯に分かれることはないですし、老人が幼児になることもありません。

こうした一方向的な（不可逆な）過程をもとに、時間の矢を確立しようというのは自然な発想ですし、その研究は多くの知見をもたらしました。その点については哲学者も、科学を大いに参考にしています。しかし、ここで注意しなければならないのは、そうした時間の矢の研究のなかに時制的直観が入り込んでいないかどうかです。時制的直観がこっそりと入り込んでいたなら、無時制的世界に時間の矢を見出す試みは、実は失敗しているからです。

時間の矢の候補としては、エントロピーの増大と呼ばれるものが有名でしょう。さきほどのコップの例などは、このエントロピーの概念で説明されます。エントロピーはもともと熱力学に由来する概念ですが、物理学者ボルツマンによる統計力学的な定式化を経て、今日では広範な分野――たとえば情報理論――で利用されています。その趣旨をひとことで言えば、エントロピーは未来に向かって（平衡状態に達するまで）つねに増大し、エントロピーが減少する現象は起こりえない（天文学的な年月を要する超低確率でしか起こらない）、とまとめることができます。

コップは膨大な数の分子によって構成されていますが、コップがきちんとコップの形を保っている巨視的状態と、ばらばらの破片になった巨視的状態のそれぞれについて、それを構成する微視的な分子配列の組み合わせの数――いわゆる場合の数――を考えてみましょう。すると、前者に比べて後者のほうが圧倒的に組み合わせの数が多いことが分かります。エントロピーの値は、この組み合わせの数と対応している（その対数と比例している）ので、前者よりも後者のほうが、ずっとエントロピーが高いことになります。

なぜエントロピーはつねに増大するのか。この問いへの一般的な説明は、状態はつねにより高確率の状態（より組み合わせの数の多い状態）に変化するから、というものです。コップが破片になることはあっても、破片がコップになることがないのは、前者の過程のほうが圧倒的に高確率で起こるからだ、というわけです。

ここでひじょうに重要なのは、微視的な分子運動の時間対称性は維持されている点です。一つひとつの分子運動に時間の矢は見出せない（逆転した運動も起こりうる）けれど、分子運動の巨視的な集まりには時間の矢が現れる、というのが、この統計的理解の核心だと言えます。

†エントロピーと時制

さて、いまからお話しすることは、エントロピーについての諸理論の数学的価値を否定するものではありませんし、ガラスの破片が集まってコップになるような現象が自然に起こると主張するものでもありません。哲学対科学という誤った先入観に縛られず、純粋に論理的な話として聞いてください（実際、同様の論点は哲学者だけでなく、物理学者によっても指摘されています）。

さきほどの統計的理解によると、エントロピーがつねに増大するのは、巨視的な状態がつねにより実現確率の高い（微視的な組み合わせの数の多い）状態に変化するからでした。この説明は、時間対称的な物理法則から時間の矢を導こうとする点で画期的なものです。しかしその狙いが本当にうまくいっているかには、大きな疑問があります。

時点tの巨視的状態について、その実現確率がPであることが知られているとします。このとき、それ以外の時点の巨視的状態がどのようなものかを推測すると、時間の向きと関係なく、どの時点の巨視的状態もPより高い実現確率をもつはずです。これはまったく単純な、正しい確率的推論です。微視的な運動は時間対称的なのですから、時点tから未来の方向に変化を追う場合も、過去の方向に変化を追う場合も、いずれもより高確率の状態に行き着くのは当然のことです。つまり、エントロピーの確率的な増大は、実は時間対称的なのです。

では、なぜ巨視的な経験において、エントロピーはつねに増大するのでしょうか。状態がより高確率の状態に変化するからという説明のみでは、答えは得られません。今日の研究者は、もう一つの重要な前提を理解しています。その前提とは、過去にきわめてエントロピーの低い状態が存在した、というものです。

過去に低エントロピーの状態があることは、エントロピーの確率的な増大と独立の話です。前者は経験的な真理（この宇宙の偶然的な真理）ですが、後者は論理的な真理（確率概念の定義から導かれる必然的な真理）なのです。過去に低エントロピー状態があり、さらに時間対称的なエントロピーの確率的増大があれば、巨視的な経験において、エントロピーはつねに増大するように見えるでしょう。しかし以上をひとまとめにして、エントロピーは未来方向にのみ確率的に増大する、と説明するのは誤りです。

この誤りの根底には、時制的な直観の混入があります。時間の矢の探究は無時制的な探究ですから、未来の方向を、巨視的状態が「これから」変化する方向として理解することはできません。未来方向にのみ確率的な増大が起こるのは、未来がこれからやって来るからだ、という説明はまったく無意味なのです。この点の誤解は、解説書などにもときおり見られます。日常的な言語表現の多くが、時間の流れを前提としたものであるために、無時制的に数式を解釈すべき際にも、時制的な直観が入り込んでしまうのです。こうした無自覚な混入を避けられるだけでも、時間の哲学には大きな価値があります。

なお、過去に低エントロピー状態がある、という前提についても、本当はさらなる吟味が必要です。時間の特定の方向に低エントロピー状態があったとして、そちらの方向はなぜ「過去」なのでしょうか。この説明を、エントロピーそれ自体によって与えることはできません。低エントロピー状態が存在する方向を「過去」と定義するなら、そちらの方向は過去となりますが、これはもちろん説明ではありません（説明としては完全に循環しています）。

現実には、エントロピーを論じる際にもしばしば、時間の矢はエントロピーと別のところから――たとえば観察の順序から――持ち込まれています。とくに注意が必要なのは、哲学者ヒュー・プライスがPI^3（the Principle of the Independence of Incoming Influences）と呼ぶ、無根拠で有害な仮定でしょう。PI^3の一例として、二つの分子が衝突するとき、私たちは衝突前と衝突後に関して時間非対称な見方を取りがちです。衝突前の分子の運動がそれぞれ独立している(お互いの運動量や向きに相関がない)のに対し、衝突後の分子の運動は相関している、と考えるのです。当然とも思えるこの仮定は、しかし、数式の外から持ち込まれた直観の産物であり、これをもとに時間の向きを説明することは許されません。分子運動の時間対称性を考慮するなら、衝突前の二つの分子についても運動量や向きの相関を考える必要があります(少し専門的な補足をしますと、「分子的混沌の仮定」と呼ばれるものがこのPI^{3}の一種になっており、それゆえ、分子的混沌の仮定に基づく時間非対称性の説明はうまくいきません)。

†分岐問題

時間の哲学の科学的側面を概観しました。重要なのは、日常の場面から科学の場面にまで「今はある」という直観が深く根を下ろしていることであり、この根を伸ばすにせよ刈るにせよ、慎重な作業が要求される点です。結論を急ぐ必要はありません。もっとも避けなければならないのは、自分でも理由の分からないまま、根を伸ばすか刈るかを決めてしまうことです。

以前述べた通り、分析哲学には、言語について考えることで森羅万象について考えるという側面があります。なるほど、議論とは言語でするものですから、あらゆる議論の根底に言語があるのはたしかなことです。しかし、時制への直観は、これとはまた違った仕方で森羅万象への思考を動かします。日常言語は時制への直観と分離不可能なほどに癒着しているため、あえて時間を考察せずとも、ある言語表現を採用しただけで特定の時間論を無意識に支持しかねないのです。たとえば、「〜になる」「〜に変化する」といった、何気ない、ごく普通の表現でさえ(マクタガートの議論の核心もここにあります)。

連続講義を終えるにあたり、私がいまとくに関心をもっている問題を紹介することにしましょう。私自身もこの問題について、これから検討を重ねていきますが、皆さんのなかで重要な発見をした方がいれば、ぜひ公に発表してください。

問題の構造はひじょうに単純です。それを概説した私のエッセイから前半部分を引用します(「時間分岐/人生の棋譜化」、『情報処理』二〇一一年六月号、六二九頁)。

我々は日々の選択を、時間の分岐図としてしばしば描写する。たとえば、外に食事に出る可能性と食事に出ない可能性の両方があるなら、時間軸上のある時点でこの二つの可能的な歴史が分岐すると考えるわけだ。そして、この分岐点上には「決断」や「自由意志」といったものが置かれる。

しかし、この描像には欠陥がある。分岐点上に何らかの決断Xがあるとして、食事に出た歴史と出なかった歴史を、それぞれ歴史A／歴史Bと呼ぶことにしよう。すると、決断Xは歴史Aにも歴史Bにも、同一のものとして含まれていることが分かる。分岐点はどちらの歴史にも共有されているからだ。だとすれば、決断Xによって食事に出た（決断Xがなければ食事に出なかった）、という言い方はもうできない。

では決断Xは、分岐図上の別の場所にあるのか？　分岐図上のどこにそれを置いても、結局はうまくいかない。分岐点より前に決断Xがあるなら、それは分岐点上にある場合と同じく、選択に影響を与えることができない（どちらの歴史にも含まれているので）。だが、分岐点より後に決断Xがあるなら、今度は次の問題が生じる。決断Xを含む歴史が現実になり、それを含まない歴史が現実にならなかったとすれば、なぜか？　つまり分岐点上で、歴史Bではなく歴史Aが選ばれたのはなぜか？

もちろん、この問いに対して、「決断をしたからだ」と答えることはできない。それでは、また分岐点上に何らかの決断を置くことになる。整合性のある答えは二つしかない。一つは、時間の分岐など本当はなく、だから可能性の選択などない、という答え。もう一つは、分岐点上での可能性の選択はまったくの偶然であるという答え。

ここで「確率」という言葉を持ち出しても、現在の問題への答えにはならない。明日雨が降る確率が〇・一パーセントしかなかったとしても、実際に雨が降るときには降る。では、どうして、この低確率の現象が実現したのか。その答えはやはり、偶然である。確率概念は、偶然的な諸現象の統計的な偏りを説明してくれるが、ある特定の一つの選択がどのようになされるのかは説明しない。

二つの答えのどちらを見ても、決断による選択という常識はきわめて維持困難なものになる。人間は、本当は選択などしていない（歴史には一通りの可能性しかない）か、あるいは、選択はすべて偶然にすぎないかの、どちらかになってしまうからだ。

この問題を分岐問題と呼ぶことにします。分岐問題は過去の哲学史にも、やや違ったかたちで現れていますが――たとえばベルクソンの『意識に直接与えられたものについての試論』（一八八九）などで――、それらの問題提起はいま見たものと微妙に異なっており、それゆえ過去に示されたいくつかの解決は、どれも分岐問題への十分な解決にはなっていません。

ここでもやはり鍵となるのは「今」です。時間の分岐点上でどちらか一方に進むものがあるとすれば、それは今でしょう。あるいは今の私でしょう。移行する今への直観の有無は、こうした未来選択の場面において、より顕著な影響をもたらします。分岐が図示されていることに関し、未来はまだ存在しないのだから分岐を図示することはできないと断じても、根本的な問題は減りません。あの分岐は諸可能性の分岐であり、存在の分岐ではありませんから、もし未来が存在しないとしても、未来の諸可能性を言語的に弁別することはできます。そのような弁別が可能だからこそ、私は今、食事に出かけるかどうかを迷えるのです。

†言語の海

初回の講義において私は、言語が世界を開くからこそ、言語の成り立ちを見ることで世界の成り立ちが分かる、と述べました。そこに分析哲学の大きな価値を見ました。分岐問題のような問題に関し、レトリックで人間の自由を謳《うた》うのではなく、論理のもとで答えを与えたいなら、少なくとも私には分析的手法以外の手法が思い当たりません。

たとえ将来、自然科学的な決定論——自然法則によって歴史は完全に定まっている——のもとで人間の自由が否定されたとしても、諸可能性のうちから一つが決定される機構に関して、分岐問題は残り続けます。世界の描像から分岐点を消すには、決定論が正しいだけでなく、諸可能性そのものを消さねばならないのです。さきほどのエッセイで見た「時間の分岐など本当はなく、だから可能性の選択などない」という答えは、その意味で理解されなくてはなりません。

それゆえ分岐問題は、言語がただこの世界を開くだけでなく、言語が諸可能性とともにこの現実世界を開くという『論考』的観点からの考察を求めます。しかし『論考』の図式のみで、分岐問題に答えることは難しいでしょう。そこにはいくつかの理由がありますが、今回の講義との関連で言えば、『論考』の世界には、移行する今がないからです。私の理解するこの言語——『論考』における唯一の言語——によって、過去・未来を含む世界が諸可能性とともに一挙に開かれるとき、そこに時間的な生成や選択はありません。現実に成立している事実は、諸可能性から選ばれたものではなく、むしろ、あらかじめ存在する事実が他の諸可能性を開くのです。

私の問題提起はこのくらいにしましょう。この問題に興味をもった方はぜひその先を考えて頂きたいですが、私が期待しているのは、皆さんが自分自身の問題をもつことです。研究者を目指すのでもない限り、独創性は不可欠ではありません。他人を論破する義務も、他人に評価される義務もありません。それよりもずっと大切なのは、興味のある問題に出会える運と、何らかの直観を伸ばすか刈るかを即断せずに考え続ける力です。

分析哲学は、言語の海への潜り方を私たちに教えてくれます。海底には財宝が落ちているかもしれませんが、一気にそこまで潜ることはできません。言語と論理の水圧に徐々に身体を慣らしながら、少しずつ潜る必要があります。でも私たちはそうすることで、どこまでも続く海の姿を眼に焼き付けることができるでしょう。そして、どこから海に潜ろうと、海は繫がっていることを実感するのです。

文献紹介

講義1　分析哲学とは何か

分析哲学史の流れに関しては、私の知る限り、純粋に初学者向けと言える簡明な日本語の入門書はありません。『哲学の歴史11　論理・数学・言語』（飯田隆責任編集、中央公論新社）は分析哲学史を概観するうえで優れた一冊で、本講義で扱えなかった重要な話題も多く含まれていますが、全体で七〇〇頁以上あるので初学者には敷居が高いでしょう。やや専門的で凝縮された叙述のものとしては、『分析哲学入門』（竹尾治一郎、世界思想社）が網羅的な一冊です。『アメリカ言語哲学入門』（冨田恭彦、ちくま学芸文庫）はクワイン以降のアメリカ哲学をおもに扱っていますが、1章ではラッセル／ムーアからアメリカ哲学にいたる流れが概観されています。

分析哲学史における言語論的転回の鍵をどこに求めるか。フレーゲほかドイツ語圏の哲学者にそれを求める解説としては、『分析哲学の起源　言語への転回』（マイケル・ダメット、野本和幸ほか訳、勁草書房）が参考になります。他方、英語圏の哲学者を主軸にした解説としては、『言語はなぜ哲学の問題になるのか』（イアン・ハッキング、伊藤邦武訳、勁草書房）が良書です。

分析哲学の今日の環境は、『現代思想』二〇〇四年七月号〈特集：分析哲学〉のいくつかのエッセイでうかがうことができます。フレーゲ／ラッセルの哲学が日本でどのように受容されたかについては、『分析哲学の誕生　フレーゲ・ラッセル』(日本科学哲学会編、野本和幸責任編集、勁草書房）が興味深い一冊です。

心の哲学の文献は講義8で紹介しますが、講義1で見たライルの見解は『心の概念』(ギルバート・ライル、坂本百大＋井上治子＋服部裕幸訳、みすず書房）で述べられています。現代的な意味での心の哲学にとって、この本は初期の代表文献と言えます。なお、最終節で触れた応用哲学会については、『応用哲学を学ぶ人のために』(戸田山和久＋出口康夫編、世界思想社）が参考になります。

講義2　意味はどこにあるのか

言語哲学は分析哲学の始原にして中心と言えるでしょう。一冊でその全体を捉えたいのであれば、『言語哲学　入門から中級まで』(W・G・ライカン、荒磯敏文＋川口由起子＋鈴木生郎＋峯島宏次訳、勁草書房）がまとまりの良い入門書です。講義では詳述できなかった言語行為論や語用論——社会的文脈のもとでの言語使用の研究——などについても、この本では解説されています。もう少し手軽に読める入門書としては、『言語哲学入門』(服部裕幸、勁草書房）があります。

今日、日本で言語哲学を学ぶ学生にとって、『言語哲学大全』全四巻（飯田隆、勁草書房）は定番のシリーズでしょう。第I巻の導入を読んで、読み進めていけそうな手ごたえを感じたら、まずこのシリーズを読み切ってしまうのも手です。他の著者の解説を読んでバランスのとれた理解を目指すのは、同シリーズを読み終えてからで十分間に合います。

この連続講義の全体と『大全』各巻との対応を見ておきましょう。講義2から講義4までの話題の多くは、Ⅰ巻とⅡ巻で扱われています。講義7に関してはⅢ巻が参考になるはずです。Ⅳ巻の内容は断片的には講義にも現れていますが、デイヴィドソン以降の真理条件意味論など、講義で扱えなかった話題がその中心を占めています。なお、デイヴィドソン自身の意味論の主著には、『真理と解釈』(ドナルド・デイヴィドソン、野本和幸+植木哲也+金子洋之+高橋要訳、勁草書房)があります。

ウィトゲンシュタインの『哲学探究』には二種類の邦訳が出ています。『ウィトゲンシュタイン全集8 哲学探究』(藤本隆志訳、大修館書店)および『『哲学的探求』読解』(黒崎宏訳、産業図書)です。これはひじょうに面白い本ですが、独特の文体で書かれているので――『論考』と同様――読み進めるのはなかなか困難でしょう。講義5の文献紹介で、併読にふさわしい本をいくつか挙げることにします。

講義3 名前と述語

ラッセルの論文「表示について」は、『現代哲学基本論文集Ⅰ』(ラッセルほか、坂本百大編、清水義夫ほか訳、勁草書房)に「指示について」という邦題で収められています。邦題の違いはdenothingという語の訳によるものです。この論文は有名なものですが、叙述がやや複雑なので、記述理論のみに興味があるなら『論理的原子論の哲学』（バートランド・ラッセル、高村夏輝訳、ちくま学芸文庫）のほうが読みやすいかもしれません。

講義中に触れたライカンの著書は、講義2の文献紹介で挙げたものです。ところで、浦島太郎についてのラッセル的分析が正しいとすると、「浦島太郎はいじめられている亀を助けた」のような——虚構対象について真であってほしい——文も偽になってしまいます。この点をどう考えるかについては、『フィクションの哲学』（清塚邦彦、勁草書房）、『虚構世界の存在論』（三浦俊彦、勁草書房）などが参考になるでしょう。

クワインの論文「何があるのかについて」は、『論理的観点から　論理と哲学をめぐる九章』（W・V・O・クワイン、飯田隆訳、勁草書房）の巻頭に収められています。この論文に出てくる仮想の論敵「マックスMcX」は、日本語だと「マック某《なにがし》」といった意味合いです。講義で挙げた『クワイン　ホーリズムの哲学』（丹治信春、平凡社ライブラリー）に加え、『クワイン　言語・経験・実在』（クリストファー・フックウェイ、浜野研三訳、勁草書房）が良い解説書となるでしょう。この二冊はどちらも網羅的で、クワイン哲学の全体像を教えてくれます。

本講義では、記述理論との関連において述語論理学のエッセンスに触れました。論理学の入門書は本当に数多く刊行されています。ひじょうに読みやすい本としては、論理学の基礎を論理式なしで解説した『入門！　論理学』（野矢茂樹、中公新書）があります。より本格的に学ぶのであれば、同じ著者の書いた『論理学』(野矢茂樹、東京大学出版会)や、『論理学をつくる』(戸田山和久、名古屋大学出版会)などが定評のある教科書です。

講義4　文脈原理と全体論

文脈原理を含むフレーゲの三つの原理については、『フレーゲ著作集2　算術の基礎』(野本和幸+土屋俊編、勁草書房)で述べられています。同書は予備知識なしに読むことができ、しかも問題の本質に迫る名著ですが、冒頭の対話は趣旨がつかみづらいので「算術の基礎」から読むことをお勧めします。また、フレーゲ的なプラトニズムと諸問題との関わりについては、『ダメットにたどりつくまで　反実在論とは何か』(金子洋之、勁草書房)が参考になります。

『論考』には、講義で引用した『論理哲学論考』(野矢茂樹訳、岩波文庫)のほかにも、『ウィトゲンシュタイン全集1　論理哲学論考』(奥雅博訳、大修館書店)、『『論考』『青色本』読解』(黒崎宏訳、産業図書)など複数の訳が出ています。個人的な意見としては、まず野矢訳を『ウィトゲンシュタイン『論理哲学論考』を読む』(野矢茂樹、ちくま学芸文庫)と併読し、基本的な構図を捉えたうえで、他の邦訳や解説にあたるのが良いと思います。『言語・真理・論理』(A・J・エイヤー、吉田夏彦訳、岩波書店)などの論理実証主義の著作を併せ読むことで、『論考』とは何でないかを理解することもできるでしょう。

クワインの論文「経験主義の二つのドグマ」は、前掲の『論理的観点から』に収められています。全体論の内実については、『意味の全体論　ホーリズム、そのお買い物ガイド』（ジェリー・フォーダー＋アーネスト・ルポア、柴田正良訳、産業図書）が理解を深めてくれます。論文「二つのドグマ」以降、クワインがより自然主義に接近していく過程は、論文「自然化された認識論」（伊藤春樹訳、『現代思想』一九八八年七月号〈特集：クワイン〉所収）などで確認することができます。

少し意外な分野から、『さえずり言語起源論　新版　小鳥の歌からヒトの言葉へ』（岡ノ谷一夫、岩波科学ライブラリー）も挙げておきましょう。同書9章では、性淘汰による言語起源論として「状況と音列の相互分節化仮説」が提唱されていますが、そこで言われる「状況」を命題的事態と解するなら、文脈原理との構造的類似性が見て取れます。概念上ではなく進化上の形成史を問うている違いをふまえても、両者の類似には興味深いものがあります。

講義5　意味はどこに行ったか

本講義の中心にあるのはウィトゲンシュタインの『探究』ですが、その独創的な一解釈である『ウィトゲンシュタインのパラドックス　規則・私的言語・他人の心』（ソール・A・クリプキ、黒崎宏訳、産業図書）も講義内容と深く関わっています。なお、そこでクリプキが活用する「グルー」概念は、講義でも見た通り、『事実・虚構・予言』（ネルソン・グッドマン、雨宮民雄訳、勁草書房）で提出されたものです。このグッドマンの著書も、分析哲学史において重要な位置を占めています。

　先述の通り、『探究』はけっして読みやすい本ではありません。ウィトゲンシュタインの講義録である『青色本』（大森荘蔵訳、ちくま学芸文庫）は『探究』よりもずっと読みやすく、意味・規則に関する『探究』での議論の原型となる議論も含まれているので、こちらを先に読むのも良い方法です。そのほか、『論考』『探究』をともに扱った解説書としては、『ウィトゲンシュタイン　言語の限界』（飯田隆、講談社）、『ウィトゲンシュタイン入門』（永井均、ちくま新書）、『ウィトゲンシュタインはこう考えた　哲学的思考の全軌跡 1912-1951』（鬼界彰夫、講談社現代新書）などがあります。『洞察と幻想　ヴィトゲンシュタインの哲学観と経験の形而上学』（P・M・S・ハッカー、米澤克夫訳、八千代出版）も、入手は困難ですが優れた一冊です。

　講義5後半から講義6にかけては、自然科学における「自然」がテーマです。科学と哲学との連続性や、科学哲学の全体像については、『科学哲学の冒険　サイエンスの目的と方法をさぐる』（戸田山和久、日本放送出版協会）、『科学哲学　哲学教科書シリーズ』（小林道夫、産業図書）、『疑似科学と科学の哲学』（伊勢田哲治、名古屋大学出版会）などが参考になります。

講義6　二つの自然と、意味の貨幣

　その内容の性格上、講義6の文献紹介は簡潔です。因果性についてのヒュームの分析は、『人間本性論』――岩波文庫版のタイトルは『人性論』――で展開されていますが、同主旨の因果論を述べつつも、より入手しやすく読みやすいものとして、『人間知性研究　付・人間本性論摘要』（デイヴィッド・ヒューム、斎藤繁雄＋一ノ瀬正樹訳、法政大学出版局）を挙げておきます。

最終節で見た『ことばと対象』（W・V・O・クワイン、大出晁＋宮館恵訳、勁草書房）はクワインの主著であり、ノイラートの比喩は第一章の導入に出てきます。講義では扱えませんでしたが、同書でとくに有名なのは翻訳の不確定性に関する議論でしょう。先述の二冊の解説書でも、この議論は丁寧に検討されています。

講義7　可能世界と形而上学

講義7の中心文献はもちろん『名指しと必然性　様相の形而上学と心身問題』（ソール・A・クリプキ、八木沢敬＋野家啓一訳、産業図書）ですが、先述の『大全』Ⅲ巻に加え、『可能世界の哲学「存在」と「自己」を考える』（三浦俊彦、日本放送出版協会）がその理解に役立ちます。様相論理学の基礎については、『日常言語の論理学』（オールウド＋アンデソン＋ダール、公平珠躬＋野家啓一訳、産業図書）の七章がコンパクトにまとまっています。

講義で引用した『真理を追って』（W・V・クワイン、伊藤春樹＋清塚邦彦訳、産業図書）は、クワイン哲学の彼自身による見事なガイドマップです。クリプキの議論としばしば対比されるルイスの様相実在論は『反事実的条件法』（デイヴィッド・ルイス、吉満昭宏訳、勁草書房）の四章で提示されています。また、出版時期は未定ですが、ルイスが様相実在論を本格的に擁護した『世界の複数性について On the Plurality of Worlds』も現在翻訳が進められています。

分析哲学の影響を受けた、いわゆる分析形而上学については、『形而上学レッスン　存在・時間・自由をめぐる哲学ガイド』（アール・コニー＋セオドア・サイダー、小山虎訳、春秋社）がひじょうに読みやすい入門書です。より専門的な著書としては、共訳者の一人で恐縮ですが、『現代形而上学論文集』（ルイスほか、柏端達也＋青山拓央＋谷川卓編訳、勁草書房）で英語圏の八篇の論文が読めます。

分析形而上学は近年、日本でもさまざまな研究が見られるようになり、たとえば『穴と境界　存在論的探究』（加地大介、春秋社）のようなユニークな——何もない場所としての穴は「ある」のか——著書も出ています。講義で見た『岩波講座　哲学2　形而上学の現在』（中畑正志ほか、岩波書店）にも、分析哲学を活用した形而上学論文が複数収められています。

講義8　心の哲学の眺望

講義8の冒頭で述べた通り、心の哲学の邦語入門書は近年充実を見せています。そこで挙げた『心の哲学入門』（金杉武司、勁草書房）に加え、『心の現代哲学』（信原幸弘、勁草書房）、『ロボットの心　7つの哲学物語』（柴田正良、講談社現代新書）、『心のありか　心身問題の哲学入門』（太田雅子、勁草書房）なども予備知識なしで読むことができます。さらに正確な理解を目指すなら、『シリーズ　心の哲学』全三巻（信原幸弘編、勁草書房）の諸論文が参考になるでしょう。

スーパーヴィーニエンス概念を心の哲学に持ち込んだデイヴィドソンの論文「心的出来事」は、『行為と出来事』（ドナルド・デイヴィドソン、服部裕幸＋柴田正良訳、勁草書房）に収められています。デイヴィドソンはそこで、非法則的一元論と呼ばれるトークン同一説の一種――タイプ同一説を拒否しつつ、心の状態から物理的状態へのスーパーヴィーニエンスを認める――を提唱し、法則的決定性から心を救おうとしました。これに対する代表的反論は、『物理世界のなかの心心身問題と心的因果』（ジェグォン・キム、太田雅子訳、勁草書房）で展開されています。『意識する心　脳と精神の根本理論を求めて』（デイヴィッド・J・チャーマーズ、林一訳、白揚社）や『MiND　心の哲学』（ジョン・R・サール、山本貴光＋吉川浩満訳、朝日出版社）を手がかりに論じた心身問題と他我問題の融合ですが、この論点を深く掘り下げた海外の文献を私は知りません。『なぜ意識は実在しないのか』（永井均、岩波書店）では、独自の観点からそれが試みられています。なおこの著書に関しては、それをおもな検討対象とした『〈私〉の哲学を哲学する』（永井均＋入不二基義＋上野修＋青山拓央、講談社）という変わった構成の共著もあり、私も随伴一人称説などについて寄稿しています。

講義9　時間と自由

マクタガートの時間論については、『時間は実在するか』（入不二基義、講談社現代新書）、『時間論の構築』（中山康雄、勁草書房）、『時間の本性』（植村恒一郎、勁草書房）、『時間様相の形而上学現在・過去・未来とは何か』（伊佐敷隆弘、勁草書房）などでくわしく論じられています。また、ダメットのマクタガート擁護論文は『真理という謎』（マイケル・ダメット、藤田晋吾訳、勁草書房）に収められています。

分析的手法を用いた時間論としては、『時間に向きはあるか』（ポール・ホーウィッチ、丹治信春訳、丸善）、『四次元主義の哲学　持続と時間の存在論』（セオドア・サイダー、中山康雄監訳、小山虎＋齋藤暢人＋鈴木生郎訳、春秋社）が出色です。『時間の矢の不思議とアルキメデスの目』（ヒュー・プライス、遠山峻征＋久志本克己訳、講談社）では、エントロピー増大などの時間対称性について、きわめて丁寧に論じられています。物理学者による同趣旨の時間対称性の解説は、『時間の歴史　物理学を貫くもの』（渡辺慧、東京図書）、『皇帝の新しい心　コンピュータ・心・物理法則』（ロジャー・ペンローズ、林一訳、みすず書房）などで読むことができます（ヒュー・プライスの邦訳や渡辺慧の著書は現在残念ながら絶版ですが、古書を探してでも読む価値は十分にあります。ちなみに渡辺氏の名前は、ホーウィッチの前掲書にも――グリュンバウムの議論を紹介する箇所で――出てきます）。

ベルクソンの著書『意識に直接与えられたものについての試論　時間と自由』（アンリ・ベルクソン、合田正人＋平井靖史訳、ちくま学芸文庫）は、『時間と自由』という改題でもいくつか訳書が出ています。自由意志論については、『自由と行為の哲学』（門脇俊介＋野矢茂樹編・監修、ストローソンほか、法野谷俊哉ほか訳、春秋社）、『カントと自由の問題』（新田孝彦、北海道大学図書刊行会)、『自由は進化する』(ダニエル・C・デネット、山形浩生訳、NTT出版)、『読む哲学事典』(田島正樹、講談社現代新書)などが参考になります。科学者による著書としては、『マインド・タイム　脳と意識の時間』(ベンジャミン・リベット、下條信輔訳、岩波書店)も興味深い一冊で、哲学者にもしばしば取り上げられています。

その他

日本語で読める手に入りやすい文献を中心に、各講義の関連文献を挙げました。講義で挙げた海外文献のうち、唯一邦訳のないマクタガートの論文("The Unreality of Time", J. M. E. McTaggart, *Mind*, vol. 17, 1908)ですが、JSTORのウェブサイトにて原論文が公開されています(http://www.jstor.org/)。また、ほぼ同内容の一九二八年の論文(著書からの抜粋)は *The Philosophy of Time*, edited by Robin Le Poidevin and Murray Macbeath, Oxford UP に収められています。

講義で十分に扱えなかった話題についても、いくつか著書を紹介しましょう。行為論に関しては『言語と行為』(J・L・オースティン、坂本百大訳、大修館書店)、『自己欺瞞と自己犠牲　非合理性の哲学入門』(柏端達也、勁草書房)、倫理に関しては『道徳の言語』(R・M・ヘア、小泉仰+大久保正健訳、勁草書房)、『コウモリであるとはどのようなことか』(トマス・ネーゲル、永井均訳、勁草書房)、知識論に関しては『断片化する理性　認識論的プラグマティズム』(スティーヴン・

P・スティッチ、薄井尚樹訳、勁草書房）、『知識の哲学　哲学教科書シリーズ』（戸田山和久、産業図書）などをお勧めします。その他、『言語・知覚・世界』（大森荘蔵、岩波書店）、『経験と言語』（黒田亘、東京大学出版会）は分析的手法が日本に定着した時期の著書ですが、独創性の高いその内容は今日でも刺激的です。

本書の校正作業中に分析哲学の新しい入門書が出たので、ここで紹介しておきます。『分析哲学入門』（八木沢敬、講談社）では、本書とはまた別の角度から、分析的手法の実践例が示されています。訳語の選択が標準的なものといくつか異なっていますが、その点に注意すれば、話題の広い良い入門書です。

最後に。本書『分析哲学講義』に関して誤植・訂正があった際には、私のウェブサイトにて情報をお知らせします。移転の可能性をふまえて、サイトのアドレスは記しませんが、「あおやまたくお」等の語句検索ですぐに見つかると思います。また、本書でごく簡単に示唆した論点のいくつかに関しては――たとえばダメットによるマクタガート解釈の不備など――、関連する拙論を同サイト経由でダウンロードできます。各講義で不明な箇所があれば、そちらをまず見て頂けると幸いです。

おわりに

私はこの本を入門書として、たとえばテキストにも使えるようなものとして書きました。これは新しい経験でした。というのも私はこれまで、何よりもまず、自分の考えを整理するために哲学の文章を書いてきたからです。

この新しい経験は、意外な副産物を生みました。客観性のある解説を意図したわけですが、そうした抑制をすることで、思考はかえって推進されたのです。そこで得られた見解は別の機会に改めて述べますが、本書でも、各講義末部や講義6などで部分的に展開されています。

どの角度から描いた岩も、その岩の本当の形ではない――、講義9にそんな話がありますが、分析哲学についてもそれは同じです。客観性を意図したのは本当ですが、それでもこの本で描かれているのは、一方向から見た分析哲学にすぎません。本書で分析哲学に出会った方は、文献紹介を参考に、他の本にもあたってみてください。そして専門家の方はぜひ、この本と同じくらい短く、しかしこの本にないものを含んだ入門書を書いてください。本書執筆中に痛感したのは、分析哲学の邦語文献における、登山口となる本の少なさです。

本書の推敲に際しては、飯田隆氏、柏端達也氏、鈴木生郎氏、丹治信春氏、永井均氏より、草稿への貴重なコメントを頂きました。この場を借りて深く感謝いたします。また、編集者の増田健史さんにも、たいへんお世話になりました。増田さんの熱心な働きかけがなければ、分析哲学の入門書を書こうとは——そもそも書けるとは——思わなかったでしょう。

私はこの本を書き終えたので、またしばらくの間、自分の考えを整理する——そして人々に検討してもらう——ために書きます。次の本ではたぶん、講義9最後の「分岐問題」から話が始まると思います。自由意志の問題は、自由意志があるかないかの対立のもとでは解消しないでしょう（この対立においては「ない」のほうが日々優勢になるでしょう）。重要なのはそれよりも、諸可能性のうちから一つが実現するという時間構造の把握そのものなのです。本書におけるすべての議論はこの問題を考える基礎となりますし、むしろ私はその一方向から見た分析哲学の入門書を書いたと言えます。

ちくま新書
944

分析哲学講義《ぶんせきてつがくこうぎ》

二〇一二年二月一〇日 第一刷発行
二〇二四年三月一五日 第五刷発行

著者 青山拓央（あおやま・たくお）

発行者 喜入冬子
発行所 株式会社 筑摩書房
東京都台東区蔵前二―五―三 郵便番号一一一―八七五五
電話番号〇三―五六八七―二六〇一（代表）
装幀者 間村俊一
印刷・製本 株式会社 精興社

ISBN978-4-480-06646-6 C0210

ちくま新書

020
ウィトゲンシュタイン入門
永井均
天才哲学者が生涯を賭けて問いつづけた「語りえないもの」とは何か。写像・文法・言語ゲームと展開する特異な思想に迫り、哲学することの妙技と魅力を伝える。

029
カント入門
石川文康
哲学史上不朽の遺産『純粋理性批判』を中心に、その哲学の核心を平明に読み解くとともに、哲学者の内面のドラマに迫り、現代に甦る生き生きとしたカント像を描く。

301
アリストテレス入門
山口義久
論理学の基礎を築き、総合的知の枠組をつくりあげた古代ギリシア哲学の巨人。その思考の方法と核心に迫り、知の探究の軌跡をたどるアリストテレス再発見！

434
意識とはなにか
――〈私〉を生成する脳
茂木健一郎
物質である脳が意識を生みだすのはなぜか？　すべてを感じる存在としての〈私〉とは何ものか？　人類に残された究極の問いに、既存の科学を超えて新境地を展開！

545
哲学思考トレーニング
伊勢田哲治
哲学って素人には役立たず？　否、そこは使える知のツールの宝庫。屁理屈や権威にだまされず、筋の通った思考を自分の頭で一段ずつ積み上げてゆく技法を完全伝授！

680
自由とは何か
――監視社会と「個人」の消滅
大屋雄裕
快適で安心な監視社会で「自由」に行動しても、それはあらかじめ制約された「自由」でしかないかもしれない。「自由」という、古典的かつ重要な概念を問い直す。

695
哲学の誤読
――入試現代文で哲学する！
入不二基義
哲学の文章を、答えを安易に求めるのではなく、思考の対話を重ねるように読み解いてみよう。入試問題の哲学文を「誤読」に着目しながら精読するユニークな入門書。